スペシャリスト直伝！

中学校
国語科授業
成功の極意

池田 修 著

明治図書

はじめに

　子どもが勉強でつまずいているとき，彼らがつぶやく台詞は大きく三つに分けることができると私は考えています。

(1)「つまんない」
(2)「分かんない」
(3)「できない」

です。なかにはこの三つとも揃っているという強者もいますが，この三つのうちのどれかをつぶやいていることが多いことでしょう。この本を手にしたあなたは，中学校の国語の先生でしょうか。中学校の国語の先生になる人は，国語が好きで，国語ができる人です。しかし，教室には国語が嫌いで，国語ができない生徒がたくさんいます。むしろ，だらけです。

「なんで，こんなことが分からないんだろう」
「なんで，こんなことも知らないんだろう」

　これがあなたのつぶやきです。私もそうでした。
　では，そんな私がどうやって国語の授業を作ってきたのかというと………それが本書の内容になります。私が考えていたことは，

・目の前の子ども，子どもたちの実態をよく見る
・その子どもたちに合った授業を作る
・「楽しいからやらせてください」と生徒が言いたくなる授業を作る

ということです。これは,

(1)「つまんない」と言っていた生徒が,「面白い！」と言い,
(2)「分かんない」と言っていた生徒が,「分かった！」と言い,
(3)「できない」と言っていた生徒が,「できた！」と言う

変化に導く授業を作っていくことではないかと思うのです。
　そして，国語の授業ですから，

「言葉って楽しいなあ，面白いな。もっとうまく使えるようになりたいな」

という思いを生徒たちに持たせること。ここに力を入れていました。
　私は，中学校の国語科の教師が目指すところは，ここではないかと考えています。
　そしてそのためには，「国語科を実技教科にする」ことが大事だと考えています。この本では，そんな考え方を土台にして書き進められていきます。
　みなさんの日常の国語の授業で，お役に立てるところがあれば嬉しいです。

　　＊もちろんこれは，「関心・意欲・態度」「知識・理解」「技能・表現」に対応しています。生徒は「ああ，今日の授業は関心・意欲・態度が今ひとつだなあ」とはつぶやかないわけです。一言「つまんねえ」と言うだけです。しかし，この「つまんねえ」は実は曲者です。「つまらない」だけが，授業の責任を教師に預けられます。そこで，「分からない」，「できない」であっても，「つまらない」と言う生徒がいることも理解する必要があります。

　　　　　　　　　　　　　　　　　　　　　　　　池田　修

目次

はじめに

第1章 国語科って何を教える教科?

1 国語科って何を教える教科?
　〜授業開きから考える〜　10

2 アクティブ・ラーニング時代の授業づくり
　〜国語科を実技教科に〜　18
　1　衝撃的な体験
　2　不要四教科
　3　仕掛けを考える

3 国語科を実技教科に
　〜授業デザインのポイント〜　26
　1　「言葉って面白い。そして，難しい」
　2　see one, do one, teach one
　3　宿題がなくなる
　4　学校の特性を生かして学ぶ
　5　実技の評価と評定
　6　授業のデザイン，準備，評価にかける時間の確保

4 国語科を実技教科に
　〜おさえておきたい注意点〜　30
　1　授業の趣旨を明らかにしておく
　2　全体を動かす四つのステップ
　3　学習ゲームは授業が進む
　4　授業内見学者は許されない

第2章 授業を行うための基礎・基本

1　板書づくりの基礎・基本　36
　1　黒板のどこに書くか
　2　文字の大きさ
　3　字の形
　4　書き順
　5　書くときの構え
　6　チョークの種類
　7　チョークの色
　8　チョークの持ち運び
　9　チョークを使った書き方
　10　トレーニング方法
　11　気配り

2　発音／発声の基礎・基本　50
　1　教師になりたての頃に恩師に言われたこと
　2　滑舌調音
　3　ケンカをするくらいの声量で話す
　4　届く声
　5　間
　6　メンテナンス

第3章 スペシャリスト直伝！国語科授業の作り方アラカルト

1　三つのスタイル　58
2　授業の構成とテレビ番組　59
　1　サザエさん

目　次

　　　　２　コナン型と古畑型
　　　　３　ためしてガッテン型
　３　授業の時間　65
　４　年間の授業を安定させる三つの形態　67
　　　　１　連載
　　　　２　定番
　　　　３　新規開拓

スペシャリスト直伝！
私のオススメ国語科授業モデル

　１　私のオススメ「書写」指導　72
　　　　１　書写教育の不思議
　　　　２　摸書を徹底しよう
　　　　３　摸書の具体的な方法
　　　　４　臨書させる
　　　　５　書道大会をする
　２　私のオススメ「ディベート」指導　83
　　　　１　ディベートにある誤解
　　　　２　シナリオ方式のディベート
　　　　３　指導のパラダイムの転換が求められる
　３　私のオススメ「漢字」指導　88
　　　　１　漢字の特質
　　　　２　なぜ10回書くのだろうか？〜漢字の基礎体力を測ろう〜
　　　　３　漢字なんてつまんない
　４　私のオススメ「作文」指導　99
　　　　１　ポイントは，準備と鑑賞にあり

2　作文は，料理に似ている

5　私のオススメ「古典」指導　105
　　　1　なぜ古典を学ぶのか
　　　2　指導をする上で考える三つの観点

6　私のオススメ「学習ゲーム」　116
　　　1　たほいや
　　　2　句会
　　　3　無関係ゲーム
　　　4　ことわざ
　　　5　J1 百人一首
　　　6　対義語でぽん！

7　「物語の読解」指導の極意　132
　　　1　なぜ物語文を扱うのか
　　　2　物語を読解するときの三つの立場
　　　3　物語の三要素
　　　4　優れた発問
　　　5　短編問題集で楽しむ
　　　6　非連続型テキスト

8　私のオススメ「スピーチ」指導　153
　　　1　指導の難しさ
　　　2　指導すべき事柄
　　　3　生徒に評価させる

おわりに

第1章
国語科って何を教える教科？

1 国語科って何を教える教科?
～授業開きから考える～

上記のことを改めて聞かれるとちょっと考えませんか? 私は自分が担当する生徒たちには授業開きのときに,必ずこのことを考えさせていました。私の授業開きの様子を簡単に再現してみましょう。

(😊=池田　👦👦👦=生徒)

😊:「さて,私は,これから1年間君たちの国語の授業を担当することになりました先生です。よろしくどうぞ」
👦👦:「……」
😊:「先生の名前は,」

(と言って黒板に「池田修」と板書する)

😊:「じゃあ,君,なんて読む?」
👦:「いけだ,おさむ先生」
😊:「惜しい。他に?」
👦:「いけだ,しゅう先生」
😊:「さらに惜しい」
👦:「ええ?」
😊:「ゥオージャオチーテンシュー。ゥオーシーリーベンレン。ゥオーシーラオスー(我叫池田修。我是日本人。我是老師)」
👦👦:「えええええ!?」
😊:「先生は,書道を勉強しているうちに日本に興味を持つようになり,日本にやってきて日本の言葉を勉強していたら,そのまま国語の先生になってしまいました。先生は,中国人なんです。先生の日本語

第1章　国語科って何を教える教科？

　　　はおかしいですか？」
- :「全然!!」
- :「ああ，よかった。きちんと通じますね」
- :「はい！」
- :「嘘です。先生は日本人です。本当は(^^) 私の名前は池田修です。私は日本人です。私は先生ですって言ったんですよ」
- :「えええええええ!!」
- :「ははは。まさか先生が最初から嘘をつくなんて思っていないでしょ」
- :「はい」
- :「大人の言うことは簡単に信じちゃ駄目よ。特に私は(^^)」
　「でも，じゃあなんで君たちは私が中国人だと思ったのですか？」
- :「黒板の名前の漢字がきれいだったから」
- :「なんか中国語みたいな言葉を話していたから」
- :「見た目が中国人っぽかったから」
- :「ははは，見た目ですか。ま，でも言葉ですね，言葉」

（「言葉」と板書）

- :「私が担当する国語の授業は，この言葉，日本語を扱います。ところで，言葉ってなんですか？」
- :「え？」
- :「言葉とは，なんだと思いますか？」
- :「……」
- :「言葉とは，○○力だと私は考えているんだな。あ，これ『か』じゃないからね。『ちから』だからね」

（「言葉＝○○力」と板書）

- :「まだ，分からない？　じゃあ，その教室の後ろにいる君，そう，

11

君。机の上にあるその筆箱を頭の上まで持ち上げてくれる？」
- :「こうですか？」
- :「そう。では，それを左右に振って，下ろしてくれる？」
- :「はい」
- :「そう。ありがとう。これが，言葉は，○○力ということなんだな」
- :「えー，分からない！」
- :「ち，の文字から始まる言葉なんだけどね」
- :「分かった！」
- :「何？」
- :「超能力だ！」
- :「え？」
- :「その通り」
- :「ええ？」
- :「だって，これだけ距離が離れているのに，その筆箱は空中に浮かんで，左右に動いて，また元の位置にあるんだよ。これを『超能力』と言わずに，何と言うのだろうか？」

「今から1100年も前に作られた『古今和歌集』という歌集があってね，その序文，まあ，はじめの言葉のようなものだけど，そこにはこういうことが書かれているのだよ。

　　やまと歌は
　　人の心を種として
　　よろづの言の葉とぞなれりける
　　（中略）
　　力をも入れずして天地を動かし
　　目に見えぬ鬼神をもあはれと思はせ
　　男女のなかをもやはらげ
　　猛きもののふの心をもなぐさむるは歌なり

ま，簡単に言うと和歌は，人の心を種にして言葉となったもので，その和歌は力も入れないで天地を動かし，目に見えない鬼も感動させ，男と女の仲も良くし，荒々しい武士の心を慰めるのも，和歌なんですね，ということなんです。ね，力も入れないで天地を動かすわけですよ。昔から，言葉は超能力だったわけです。

　今の君たちだって，憎からず思っている人から『好き！』なんて言われたら，触られてもいないのに，心臓がドキン！と動くでしょう。だから言葉は超能力なんです。その超能力を磨き上げ，適切に，効果的に使えるようにする授業。これが国語科の授業です」

とまあ，こういう感じで授業を開いていきます。

　言葉を扱う教科であるということ。言葉をきちんと使えるようになるための授業であること。池田先生はちょっと変かもしれないと思わせること。この三つを届けているのが分かるかと思います。

　その後，黒板に次のベン図を書きます。

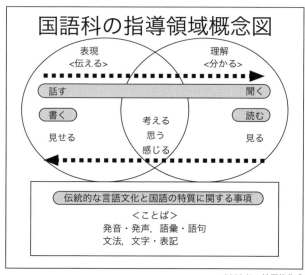

学習指導要領の内容を前提にして，私が中学校の国語科の授業で扱うものについて説明していきます。生徒には，ノートの表紙の裏にこの図を書かせます。それは，授業を進めるときに，今日の授業はこのベン図のどこの部分をポイントにしてやっているのかを確認するのに使うためです。

　国語は，生まれてこのかた12年間使って生活しているので，生徒たちの中には，

　　（今でも使えるのに，なんでわざわざ授業でやらなければならないの？）

　　（あとはもう少し漢字を覚える程度でいいんじゃないの？）

と思っている者もいます。そこで，自分たちが学ぶことはまだまだあるのだということを，はじめにハッキリと理解させることが大事だと考えています。

　ベン図にあるキーワードを取り上げて説明を進め，

「国語科は，〈ことば〉を土台にして，〈分かる〉と〈伝える〉の領域を行き来し，『考え，思い，感じ』ながら，〈分かる〉力と〈伝える〉力を育てる授業をしていきます」

と説明します。

　そしてもう一度，学ぶということはどういうことなのかに戻ります。

😀：「国語の授業で何を学ぶかはだいたい分かったね。では，もう一つ大きな枠で考えてみよう。学ぶということはどういうことなのかということだね。中学では学習という言い方をする。分かる人いるかな？」

😀：「学ぶは，真似をするということだと聞いたことがあります」

😀：「お，そうだね。古くは『まねぶ』と言っていたんだね。では『学』という漢字はどういう意味？」

😀：「……」

😀：「これは，今から2100年前に作られた世界最古の辞書の『説文解字（せつもんかいじ）』に載っている『学』という字です」

第1章　国語科って何を教える教科？

(「學」を板書する)

:「これは何を表しているか，分かりますか？　ちょっと難しい？　上の部分は，手から手へ何かを伝えているところね。そして屋根があって子どもでしょ。ということは，学という漢字は家の中で子どもに何かを伝えるという意味があったようだね。
　そして，『習』はなんだと思う？　羽は，鳥の羽根。これで大切なことばの入っている日という入れ物を何回もこすって，力を与えている姿らしい。ここから，繰り返すという意味になる。つまり，学んだものを身に付けるために繰り返す。これが『学習』なんだな」

:「へー」

:「私は，君たちにあれこれ伝える。君たちはそれを繰り返して身に付けることに挑む。私は，君たちにあれこれ考えさせる。君たちはそれをじっくりと考える。君たちは，疑問を持つ。その疑問を私に投げかける。そして，その疑問から君たちが身に付ける課題を私が提示する。君たちはまたそれを身に付ける訓練を重ねる。これが君たちと行っていく国語の授業です。
　君たちはその学習する権利を持っています。ユネスコって聞いたことがあるよね。そこでは1985年に『学習権宣言』というものを宣言しているのです」

(プリントを配る)

:「私はね，これから60年も70年も生きていこうとする君たちが身に付けなければならない国語の力って何なのかと考えるときに，この『学習権宣言』を読み直すことが多いのです。君たちも，時々，この学習権宣言は何を言っているのかを考えてみてください。
　はい，それでは，今日の国語の授業開きはこれで終わりにします」

> 学習権宣言　　　　　　UNESCO（国連教育科学文化機関），1985年
> 学習権とは，
> 　読み，書く権利であり，
> 　質問し，分析する権利であり，
> 　想像し，創造する権利であり，
> 　自分自身の世界を読みとり，歴史をつづる権利であり，
> 　教育の手だて（resources）を得る権利であり，
> 　個人および集団の力量を発展させる権利である。
> （中略）
> しかし，学習権は経済的発展のたんなる手段ではない。それは基本的権利の一つとして認められなければならない。学習行為は，あらゆる教育活動の中心に位置づけられ，人間行為を出来事のなすがままにされる客体から，自分自身の歴史を創造する主体に変えていくものである。

　これが，中学校現場にいたときの私の授業開きの主な流れです。もちろん，この通りに授業開きをしましょうということではありません。本書をお読みの先生方一人一人が，自分の言葉で目の前の子どもたちに，国語という教科は何を学ぶ教科なのかをきちんと語ることが大事だということを私は言いたいのです。老婆心の「釈迦に説法」ですが，「自分の言葉で」とは，ご自身が本当に納得したことを土台にして，という意味です。

　生徒の中には入試に必要だから国語を勉強するという理由を述べる者もいるでしょう。確かにそれはそれで一つの答えでしょう。しかし，当たり前ですが入試に出る国語の問題が，国語で育てたい力のすべてを問うことにはなりません。国語が扱うものはもっと豊かです。その豊かさは何なのかを，国語の授業開きでは教師がきちんと語るべきだと考えています。

　「国語って，何をするのかよく分かんないよね」
と生徒たちが言ったり思ったりするようでは，いい授業になるとは考えにく

いでしょう。国語の授業の目的を示し，学習の内容を伝え，授業の方法を示し，生徒の学ぶ意欲を喚起する。そんな授業開きをぜひ作ってみてください。先生オリジナルの授業開きを作ってみてください。

2 アクティブ・ラーニング時代の授業づくり
～国語科を実技教科に～

　国語科は，簡単に言えば，日本語を使って「話す」「聞く」「書く」「読む」力を育む教科と言えるでしょう。もしそうだとしたら，「話す」は話すことによって，「聞く」は聞くことによって，「書く」は書くことによって，「読む」は読むことによってその力は培われるものだと考えています。そして，使えてみて初めてその価値があると思うのです。

　しかし，実際の国語の授業はどうでしょうか？　国語の教師自身が内容を説明して，自分の発言を自分で聞いて，黒板に自分がまとめたものを書いて，教科書を自分で読んで終わっていることになっていないでしょうか。もし，そういう授業であったら，生徒に国語の力をつけることは可能なのでしょうか。

　もちろん，教師による説明の授業をすべて否定しているというわけではありません。しかし，生徒の言語活動を中心にした授業に組み替えていく必要性があると考えています。体育の授業で，クロールの泳ぎ方だけを説明して終わりにすることはありません。家庭科の調理実習でカレーライスの作り方だけを説明して終わりにすることもありません。実際にやるから理解してできるようになっていくのです。

　活動させることには，脳科学の見地からみても意味があるということが分かっています。東京大学薬学部の池谷裕二さんは，著書『のうだま2』（幻冬舎，2012）で，「人間の脳は，入力よりも出力の情報を重視する」と説明しています。つまり，出力があったとき，脳は「あれ，これ重要なんじゃないの？」と認識するようにできているということなのです。活動は出力です。活動をさせたいわけです。

　私は，子どもたちに，実際に「話す」「聞く」「書く」「読む」をさせるこ

とを重視した,実技教科としての国語科に組み立て直すべきだと考えて,実践を重ねてきました。「話す」「聞く」「書く」「読む」を実際にできるようにすることが,国語科の授業での仕事ではないかと考えて指導をしてきました。そして,今でもその考えに基づいて大学で教員養成に当たっています。

1 衝撃的な体験

　国語科を実技教科にしたいという思いを持つようになったのには,あるきっかけがあります。それをお話ししたいと思います。
　私は,初任の頃から生徒の活動を多く取り入れた授業をしていたと思っています。しかし,そんな私でもその思いを打ち砕かれる衝撃的な体験をしています。
　ディベートの授業に本格的に取り組み始めた30代の頭のことです。1年間の授業を終えて生徒に授業アンケートを取りました。私は年間に30項目程教えるので,その教えた項目を一覧にして配布し,
　「この中で力がついたと思うもの三つ,つかなかったと思うもの三つに印をつけてください」
という指示を出しました。そこに出てきた結果が衝撃的だったのです。
　力がついた,と生徒が答えたものは①ディベート,②書写,③電話の掛け方,手紙の書き方。つかなかったものは①文法,②小説の読解,③説明文の読解だったのです。何が衝撃的だったかお分かりでしょうか。ディベートが一番だったということではありません。これはまあ予測できました。私が衝撃的だったのは,力がつかなかったと生徒が評価した授業は,私は一生懸命説明をした授業なのです。
　「え,あんなに懸命に説明したのに?!」
と驚きました。そして,その次に力がついた項目を見ると,ディベート,書写,電話,手紙の授業は,ほとんど説明をせず簡単なやり方だけを教えて
　「はい。あとは各自やってみましょう」
で指導してきた授業です。確かに事前の準備は大変ですが,授業中はいたっ

て楽な授業です。ディベートなんて
　「はい，あと30秒」
とか言っていれば試合は進んでいきます。一方，文法は
　「はい，カ行変格活用は，こ，き，くる，くる，くれ，こい，こよですね。さ，みんなで言ってみましょう。こ，き，くる，くる，くれ，こい，こよ！」
なんてのを1時間の間に何回も言い，黒板に用言の活用表を書いては消してブレザーを真っ白にしながら説明したのに，生徒のアンケートでは「力がつかなかった」と出たのです。
　私は，その衝撃とともにある理解をしました。説明の多すぎる授業は，教師が教えたぞという自己満足はあっても，子どもたちは力がついたとは思わないということを。
　そんな話を家庭科のベテランのH先生にしたところ，
　「池田さん，あの子は実はズルいのよ」
なんてことを話してくれたことがありました。
　「え，なんのことですか？」
と聞き返すと，
　「実技教科は，子どもの本当の姿が見えるのよ。見に来るといいわ」
と教えてくれたのです。
　なんのことかよく分からないまま，「学級通信に載せる写真でも撮るかぁ」と思いながら授業を見せていただきました。そこで分かったのです。実技の先生は本当に説明しないということを。
　例えば，家庭科で言えば，
　「今日の裁縫は，ここまでできればよしです。注意するところは，○○と○○。何か質問はありますか？」
ぐらいの説明で，あとは
　「はい，どうぞ」
で授業が始まります。そして，子どもたちは各自机を移動し友達同士と仲良く昨日のテレビの話などをしながら裁縫をするわけです。先生はその後，机

第1章 国語科って何を教える教科？

を回り個人指導を重ねていきます。

国語ではあり得ません。

課題のゴールを示し，やり方と注意点を説明し，質問を受け，あとはどうぞ，ということですから。そして，好きな者同士で勝手におしゃべりをしながら作業をするなんてことは，考えられないわけです。そりゃあ，子どもたちが実技教科を好きなわけです。

その後，理科の実験，体育，音楽，技術，美術の授業も写真を撮らせてくださいという言い訳をしながら見せてもらいました。やはり，同じように実技の先生たちの説明は短いのがよく分かりました。私が観察したところ，実技教科の先生の全体への発言の時間は，授業時間の2割程度です。最初の指示，注意で1割。途中の指示，注意で0.5割。最後のまとめで0.5割くらいです。それ以外は，生徒たちは活動をし，先生は個人またはグループ指導をしていました。

「説明する時間を少なくするってことかぁ」
と思うのでありました。

2 不要四教科

また，別の学校では，こういうシーンも数多く見ていました。私の授業の後に体育の授業があると，私の授業終了と同時に男子生徒たちはサッサと着替えて，校庭に走り出し，勝手に準備運動をして授業開始のときには整列して，体育の授業が始まるのを待っているわけです。

体育の教師はチャイムが鳴ったときに挨拶をして，

「よし。今日はサッカー。分かるな？　じゃ，やれ」
と指示を出すだけ。その後は見学の生徒と話しているだけのように見えるわけです。体育は年中公開授業をしているようなものなので，それは毎回見えるわけです。

あるとき，私はその体育の授業を担当していたY先生に言いました。
「いいなあ。オレなんかチョークで真っ白になって説明しながら授業して

いて，お前なんか見て見学者と話しているだけ。時々，生徒を呼び寄せて指導しておしまい。これで同じ給料ってのは許せないなあ」
と。すると，私と同じ年のY先生はこう憎まれ口を叩くのでした。
「いいんだよ，オレは。体育は不要四教科だからねえ（^^）」
　もちろん，国語科が主要五教科，主要三教科であるということを皮肉った上で言っているわけです。うむむ。その不要四教科の体育のことは子どもたちは大好きで，国語は，そうでもない。悔しいわけです。
　あるとき，またY先生に聞いてみました。
「なんで，一緒にサッカーをやらないの？　一緒にやっている先生もいるのに」
　私は体育の教師は，子どもたちの先頭に立って走り，中に入って一緒に汗を流すイメージがあったのです。
　しかし，意外な答えが返ってきました。
「そんなことをしたら，子どもたちの運動量が確保できない」
と言うのです。ピーンときました。そしてさらに，
「中に入ってしまっては，子どもたちが安全に活動することを保障しにくい」
というのです。
　なるほど。単に，さぼっていたわけではなかったのです（^^）。
　自分の国語の授業に置き換えました。
「はい，カ行変格活用は，こ，き，くる，くる，くれ，こい，こよですね。さ，みんなで言ってみましょう。こ，き，くる，くる，くれ，こい，こよ！」
と1時間に何回も言っていたのは，私でした。1クラスで5回言い，3クラスも担当すれば15回も言う。
「これでは，私に力をつけていることにはなっていても，子どもたちに力をつけることにはなっていないではないか」
と考えるようになったのです。
　説明を短くするということは，生徒の活動量を確保するということにもつながっていたわけです。

第1章 国語科って何を教える教科？

3 仕掛けを考える

　では，どうやったら子どもたちが力をつけることのできる，実技教科としての国語科の授業が成立するのでしょうか。それには，仕掛けが必要なのだと考えています。さて，どういう仕掛けが必要なのでしょうか。

　全体への説明の時間は2割程度にすることは既に述べました。そうすれば，生徒の活動の時間が圧倒的に増えます。しかし，ここで適切な指示を出すことなしに行ったとしたら，単なる混乱の時間になってしまいます。ここはどうコントロールすればいいのでしょうか。

　私はこの問題については，以下のように考えています。2007年4月23日に書いた私のブログ「国語科と学級経営のページ」から引用します。

「たほいやと句会」
(http://ikedaosamu.cocolog-nifty.com/kokugogakkyuu/2007/04/post_7856.html)

　学習ゲームは，体験を重視した学習方法である。「国語科を実技教科にしたい」という考えを持っている私は，そういう観点からもこの学習方法を重視している。

　体験を主体とした学習の指導案づくりは，実は矛盾した指導案になる。とっても練り込んで何処からでもかかってこい，という綿密な指導案作りが一方で必要でありながら，ざくっと枠だけ作ってあとはその場で対応というものでもある。どちらも必要だ。

　なぜならば，子どもたちがどのように動くのか，その先を予測して対応を考えておく必要があるからであり，考えても無駄なほど子どもたちは豊かに行動するからである。

　だが，ここに「ゲーム」という枠を入れると，ある一定のルールに縛られることで，子どもたちが自由に動くことができるようになる。そし

23

> てその枠の中で教師は目的を持って指導することができるようになる。さらに，子どもを見る目を鍛えることができるようになる。ここが学習ゲームの魅力の一つである。

　仕掛けは二つ考えています。一つ目は，引用文中に出てくる学習ゲームです。後ほど詳しく取り扱いますが，要は，学習内容を組み入れたゲームのことです。ゲームである以上，ルールが設定されており学習者が暴走することを防ぐことができます。その意味で学習ゲームは有効です。

　二つ目は，ワークシートです。ワークシートは学習者の学習を促すためのシートです。学習ドリルとは違うと考えています。学習ドリルは漢字，計算などで使われますが，学習の後は，学習者の答えがすべて同じになるように作られています。つまり，正解を求めさせ，身に付けさせるためのプリントです。一方，ワークシートは学習者の学習を促すためのファシリテーションを重視したプリントで，必ずしも正解が同じになるとは限りません。しかし，学習活動への一定の指示が設定されているため，ここでも活動での暴走は防ぐことができます。

　そして，この二つのどちらにも大切なのが，フィードバックです。活動を重視した学習では，学習者は同じ時間に同じ体験をしても，学ぶ内容が違うことが多々あります。それは学習者の興味や関心，また，もともと持っている学習スキルのレベル等が違うからです。それをそのままにしておくのではなく，後述する「書き込み回覧作文」などを活用して考えの交流を図ります。

国語科を実技教科にするには,

> **ポイント**
> ① 教員の全体への説明の時間を授業時間の2割程度にする。
> ② 安定した学習活動を促すために,ルールの安定している学習ゲーム,または,ワークシートを活用する。
> ③ フィードバックの時間を設ける。

以上の3点をポイントに押さえることで,説明中心の国語科の授業を,実技教科としての国語科の授業に向かわせる可能性が出てくるのではないかと考えています。

　それでは,次から具体的に見ていきましょう。

3 国語科を実技教科に
～授業デザインのポイント～

　国語科を実技教科にしていく授業デザインをしてみて，気がついたポイントと，注意点とを思いつくままにメモしてみたいと思います。

1 「言葉って面白い。そして，難しい」

　子どもたちに起きた大きな変化は，「言葉って面白い。そして，難しい」と気がつくようになったことでした。言葉を実際に使うことで気がついたことがたくさんあったようです。いままでは「言葉って特に興味ない。そして，難しい」の彼らだったと思います。それが面白いとなってくれたことはとても大きな変化だと思います。

　私がこの実技教科としての国語科の授業をするようになって最初に気がついたのは，「授業内見学者」の存在でした。

　説明中心の授業では，生徒は聞いたフリ，参加したフリをしながらでも十分に授業を受けることは可能です。授業内見学者としていられるわけです。しかし，実技になるとそれはできません。全員参加の授業になります。ここはとても大きな変更を促すことになりました。

　しかし，実はさらに一歩進むと，本当に全員参加を求めていいのだろうかという問題が生まれます。体育の授業では，調子の悪い生徒は見学を認められます。国語ではどうなるのだろうかという問題が残ります。これは，後述する「チャレンジ バイ チョイス」の考え方で進める必要があるかと思います。

2 see one, do one, teach one

"see one, do one, teach one" というのは，アメリカの医学教育で言われる言葉です。見て学ぶ，やって学ぶ，教えて学ぶということです。この順番で勉強を進めます。そして，一番学習効果が高いのは，"teach one" だというのです。教えることができるというのは，その事象を理解しているからできるということなのです。

国語科の実技教科化は，"do one" を基調にしています。しかし，学習ゲームをしている生徒の姿を見ていると，ルールや創作の方法の教え合いも見られます。"do one, teach one" を通して学んでいくのだと思います。

さらに，仮説的に言えば "make one" というのもありそうです。後述する「人生名言集」では新しい諺を作ることに挑戦しましたが，この作ることで学ぶというのは，重要な学習活動になる可能性があると考えています。ICTの活用により，手書きではとても難しかった編集作業が格段にやりやすくなっています。この先の実技としての国語科は，この "make one" を切り口にすることがポイントになるのではないかと感じています。

3 宿題がなくなる

国語科を実技教科にすると，宿題がなくなるという現象も現れました。そもそも宿題は，句会で「次回はこの季語の俳句でやりますから，あらかじめ作っておいてください」というところからきています。ですから，作っておかないと参加できないという構造になっています。

ところが，現状の宿題は，「授業中にできなかったところをやっておくように」というものも多くあります。学んだことを定着させるためのドリル学習としての宿題は必要でしょうが，授業でできなかったことを，できなかった生徒に家で自分でやってこいというのは，おかしいのではないでしょうか。

実技教科としての国語科では，「これをあらかじめやっておくように」という指示はほとんどありません。ありませんが，生徒たちは自分でやるよう

になります。例えば，百人一首では家で短歌を暗記しておかないと，授業内の対戦で楽しめず，勝てません。つまり，本来の意味での宿題になります。

そうだとすると，この実技教科としての国語科は，「反転授業」に親和性が高いかもしれません。やり方は自分で予習し，本番に必要なものも自分で授業前に用意し，授業に臨むというスタイルですから。ここも今後のポイントの一つになる気がしています。

4 学校の特性を生かして学ぶ

実技教科としての国語科では，学校の特性を生かして学ぶことができるということも言えると思います。鳴門教育大学の小西正雄氏が，学校教育の独自性はどこにあるのかということについて，授業づくりネットワーク（1996年蔵王大会）の講演会で，「集団で，継続して学べる」ということにあると述べられていたのを忘れることができません。

確かにインターネットを使えば集団で学ぶこともできるようになりましたが，まだまだ直接会って集団で学ぶことは学校が有利でしょう。そして，1年とか3年とかの長いスパンで子どもたちを指導できることも学校の特性でしょう。国語科の実技教科化はここに親和性が高いです。学習ゲームは集団で学ぶことが多いですし，ルールをバージョンアップさせていくことで継続的に学ぶことに対応します。

学校で学ぶ意義を，ここに見出すことができるでしょう。

5 実技の評価と評定

評価について気がついたことを述べます。実技にすると，ペーパーテストだけで評価することにはなりません。行動を評価すること，制作物を評価することが出てきます。そして，その結果としての評定作業があります。

行動の評価で大事なことは，できたときの即時フィードバックです。「よし！」でいいのですが，すぐに行うこと。人間は1分前のことは忘れるので，すぐが大事です。この積み重ねで学習意欲を保ち続けます。これはイン

ストラクショナルデザイン（教え方の科学と技術）で重視されていることです[*1]。

ワークシート等を活用すると，制作物が増えます。これは，ポートフォリオとして保存しておくといいでしょう。私は和綴じ本の作り方を教えて，配布したプリントや書いた文章は和綴じ装にさせていました。

さて，次はこれらの評価からの評定です。私は音楽の教師に質問しました。「どうやって評価をし，評定をつけるのですか？」と。音楽の先生は，「私がルール。私が決める」と言い切っていました。なるほどです。

もちろん，そのルールは規準と基準を生徒にあらかじめ示しておいての評定です。ですから，決めるというよりは「決まる」ものかもしれません。

また，可能であれば「ルーブリック」[*2]を作り，それを示してということがいいと思います。

6 授業のデザイン，準備，評価にかける時間の確保

気づいたことの最後に，教師は授業中に暇になるということを述べたいと思います。授業の中で行う説明の時間が短くなり，生徒の活動の時間が増えると，教師は途端に暇になります。繰り返しますが，ディベートなどでは「あと30秒」とかいう程度になります。圧倒的に暇になります。

圧倒的に暇なので，何をしていたかというと生徒の観察や評価です。観察をして，学びの度合いを確認し，授業後に行う次の授業の準備のための情報を集めていました。国語科を実技教科にすると，授業中は暇ですが，授業の前後は忙しくなります。授業のデザイン，準備，評価にかける時間が多くなります。これはいいことだと思っています。

【参考文献】
*1　向後千春『いちばんやさしい教える技術』永岡書店，2012
*2　「見える「評価」で授業が変わる！～ルーブリックで授業作り～」「先生のためのWebサイト　ジャストスクール」
　　http://www.justsystems.com/jp/school/academy/hint/rubric/index.html

国語科を実技教科に
~おさえておきたい注意点~

1 授業の趣旨を明らかにしておく

　国語科を実技教科にしようとして，学習ゲームを授業で扱うときに一番多く言われたのは
「遊んでいるの？」
という言葉です。
　最初の頃の私は，
「いえ，大事な国語の学習です。勉強です」
と言っていました。しかし，途中から言い方を変えました。
「はい。遊んでいます」
と答えるようにしました。
　実際，遊びながら言葉の勉強をしているのです。言葉遊びです。
　ただ，この遊びながら勉強しているという感覚は，最初の頃は共有されにくいかもしれません。私も転勤したときは誤解されそうになることがありました。保護者から問い合わせ等があるわけです。
「今度の国語の池田先生は，授業中に遊んでいるようだけどどういうことでしょうか？」
と校長に電話が入ることもありました。そこで，私は校長にどんどん授業を見に来てもらうようにしました。そして，これがどういう方法による国語の学習なのか，また，学習指導要領のどこにリンクしているのかを説明し，理解してもらいました。
　中学校の場合，管理職とはいえすべての教科に精通しているとは限りません。まして，あまり聞いたことのない指導方法であれば，伝えておく必要が

あると思います。管理職が授業者を守ろうとしても，情報がなければ守れません。見て理解してもらうことが大事だと思います。私はディベートを指導し始めた頃は，教育委員会の指導室長にも見てもらったことがあります。大事だと思います。

2 全体を動かす四つのステップ

実技教科にするということは，全体を動かすということです。この動かし方には，次の四つのステップを使うと有効だと考えられます。

> **ポイント**
> ① 全体にやり方を説明をする。
> ② 質問を受け付ける。
> ③ 答えを全体に返す。
> ④ 「はい，どうぞ」の指示で作業に取り組ませる。

ポイントは，最初に説明をし切ること，質問は全体に共有化し，その答えは全体に返すこと，一斉に始めさせることにあります。

説明の最中に質問をする生徒がいますが，ここは「質問はあとでまとめて」とします。質問は個人からのものであっても，全体で共有し全体に返します。全体がやり方を理解したら一斉にスタートさせます。勝手に先にさせません。

以上のポイントを守ることで，安全に間違いを少なくして学習をさせることが可能になります。

3 学習ゲームは授業が進む

実は学習ゲームは生徒たちはとてもやりたがるので，授業はどんどん進みます。ですから授業がまだ得意でない教師も
　（自分の授業が上手くなったのではないか？）

という錯覚に襲われることがあります。
　進むのはいいのですが，止めることができないと危険です。授業終了の5分前に活動を止めさせ，その日の授業のまとめ，振り返り，次回の予告等をしなければならないとき，「先生もっと！」と言われて振り切られてしまうことがあるかもしれません。これが怖い。
　「ブレーキをしっかりとかけること」。これが大事です。

4　授業内見学者は許されない

　国語科の授業が実技教科になると，生徒は授業内見学者になることを許されなくなります。それでいいと思うのですが，今一歩踏み込んで考えてみると，本当にそれでいいのかという思いが湧くかもしれません。
　体育の授業は，体調が悪ければ見学することができます。音楽だって，美術だって自分の体調に合わせて参加の度合いを変えていくことが可能です。では，実技の国語科ではどうでしょうか？　これは教師が意識しないと難しいと思われます。
　グループを作って活動すること自体が厳しい生徒はいますし，メンバーによっては活動しにくくなる生徒もいます。その際，次の二つのことを確認しておくといいと思います。これはプロジェクトアドベンチャー（PA）[*1]の基本的な考え方から引いています。

(1)「チャレンジ バイ チョイス」

　やるか，やらないかは自分で決めていいというものです。正統的な授業内見学者を認めるということです。そういうことを言うと，全くやらない子どもが出てくるのではないかという心配があります。しかし，その心配は私はないように思います。面白いのでやりたがります。その上で，これは自分にはどうしてもダメだという判断をした生徒に対しては，
　「分かりました。ではこの場面は見学しておきましょうか。何か他の方法で参加できることがありますか？　次回，やれそうだったら参加しましょう

か?」
と指示を出すことです。
　学校では継続して生徒たちを見ることができます。次があります。何でもかんでもやらせるのではなく，無理のないところでやらせるという考え方を取ります。

(2)「フルバリュー コントラクト」

　お互いの努力を最大限に評価し，100%の最大の成果を出せるように自分を出すということです。このことで参加者みんなが楽しい時間を持てるように努力をします。
　遊びは，懸命に遊ばないと面白くありません。その遊びの集団が冷めた雰囲気，否定的な雰囲気で取り組むと，そこから得られる学習効果は少ないものになると思われます。
　学習ゲームであれば，勝ったり負けたりします。その勝ち負けにこだわりすぎて，手を抜いたりずるをしたりということをしませんよ，というのがこれです。
　自分で参加できると判断したら，参加し切ること。これは，今後導入されていくであろうアクティブ・ラーニングを考えるときにも大事な考え方になると思われます。

【注】
＊1　http://www.pajapan.com/ を参照。

第2章
授業を行うための基礎・基本

1 板書づくりの基礎・基本

　国語の教師は，板書の字が大事です。他の教科の教師よりも大事です。「奇麗」で当たり前のような風潮があります。板書の字が「奇麗」だと授業の説得力がまるで違います。ここで言う「奇麗」というのは，連綿で文字を書くという意味ではありません。生徒が「読みやすく」書くという意味です。生徒が読みやすい板書の仕方が大事です。ぜひ，早い時期に上達してしまいましょう。

1 黒板のどこに書くか

　文字の話をする前に，大前提としてどこに書けばいいのかを考えましょう。きわめて当たり前のことですが，これが蔑ろにされていることがあります。
　答えは，教室のすべての生徒から見える位置です。では，それはどこでしょうか？　どうしたら分かるでしょうか？　これは非常に簡単です。教室に行って「ここは見えますか？」と言いながら，黒板の四隅の限界を確認すればいいのです。
　黒板に差し込む光の加減や，生徒の視力の問題で，見える場所は限定されています。まず，全員から見える位置を確認して，その角にマグネットでも貼っておくといいでしょう。板書に関する生徒の不満の第1位は，「見えない」です。このことを確認することで随分と改善されます。

2 文字の大きさ

　通常の40人を相手にするクラスで授業を行う場合，文字の大きさは2種類あります。タイトルと本文です。タイトルの大きさは，あなたの拳四つ分です。本文の文字はあなたの拳一つ分です。書いているときのグーを規準

にして大きさを確認すればいいわけです。拳に書いている文字が隠れてしまうようでしたら，それは小さすぎます。先ほどの「見えない」の原因のもう一つは，文字の大きさです。大きく書きましょう。

　文字の大きさに関してもう一つのポイントは，文字の粒です。粒を揃えることが大事です。大きさがバラバラだと読みにくい字になります。一つ一つの文字の大きさを揃えて書くことが大事です。

　これができるようになったら，漢字とひらがなの文字の比率を変えます。漢字が10とすれば，ひらがなを8ぐらいの大きさで書きます。本当は，漢字にも大きく書く漢字，小さく書く漢字というのがあり，ひらがなも同様なのですが，まずは漢字とひらがなの割合を10：8で書くことを心がけてみましょう。見違えるはずです。

3　字の形

　最初に考えることは，字の外形です。字にはそれぞれ決まった形があります。構えと言ってもいいかもしれません。特に楷書の漢字はこれがはっきりしています。これを踏まえて書くと随分と読みやすい字になります。例えば，「大」という字は正三角形，つまり△の中に入れて書くようにするときちんと収まります。「衛」という字は，三つの部分でできていますが，これをだんだん右下がりに書くと収まる字です。このように一つ一つ違うのですが，多くの漢字に当てはまる構えを言えば，

・漢字の左側と右側では，右側が大きい。
・漢字の上は右側が高い。
・漢字の下は右側が低い。

ということです。図にすると，次ページの図のようになります。この枠の中に入れて書くようにすると一つ一つの漢字は落ち着きます。

　次に大事なことは，文字の中心を揃えてまっすぐに書くということです。

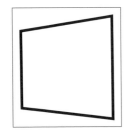

一つ一つの文字がさほど奇麗でなくとも，一行が揃っていると読みやすく感じられます。文字の中心はどこなのかを意識して，その中心をつないで書いていきます。

私の名前は「池田」です。この「池」と「田」を縦で書くとき，どこを中心と考えればいいでしょうか。「田」は言うまでもありません。真ん中の縦線です。では，「池」は？実はこれは「也」の二画目なのです。ここをつなぐようにして書いていくと，奇麗に収まります。字の中心はお習字をやっている人なら身体に染み付いています。分からない場合は，お習字経験者に聞いてみるといいでしょう。または，パソコンで印刷して，紙を折って中心を確認します。特に，自分の名前できちんと理解しておくといいと思います。

4 書き順

そして，意外に大事なのがやはり書き順。中学校の国語の先生はさほど書き順に神経質にならなくてもいいかもしれません。また，書き順は字形や時代によって大きく変わるものですが，先生である以上そんなにたくさん間違えることはできません。何より，書き順がしっかりしていると字形が安定します。

漢字の書き順は，一言で言えば左上から始まって，右下で終わる，です。これを野口芳宏先生は，三つに分けて講座等でも説明されています。

ポイント
① 上から下へ
② 左から右へ
③ α（アルファ）原則

③だけが分かりにくいかもしれません。これは，「人」のように書く書き

順のことを言います。この三つを押さえて書くことです。

5 書くときの構え

　これは，四分六の構えを基本とすることです[*2]。黒板に4，生徒に6の位置に身体を開いて板書します。左右どちらの肩越しにも身体を開くことができるようにすることです。板書をするときに，黒板に10，生徒に0という先生がいます。つまり，生徒には背中だけを見せている先生です。なかには，そのまま説明を始める先生もいます。これでは，生徒に話を聞かなくてもいいよ，消しゴムを投げてもいいよというアフォーダンスを与えているようなものです。

　生徒に説明するために板書をしているのですから，6を生徒に向けてください。もちろん，時には黒板に10，生徒に0ということもあるでしょう。教科書の本文を書き写すときなどです。しかし，そのときでも背中で生徒を見ているという感覚を忘れてはなりません。

　ちなみに，書き終わったらどうしたらいいでしょうか。私は教室の，窓側の隅に立っていました。こうすることで，「先生，黒板が見えません」ということを防ぐことができます。さらに，この位置に立つことで，自然な視野で生徒の姿を見ることができます。窓からの順光で生徒の様子を観察できます。

　人間の視野は，構造的には両眼で200度ぐらいあります。しかし，これは見ているというよりは，見えている範囲です。見ようとしたときの範囲はもっと狭くなります。授業に慣れていない先生の視線は，教卓を要とした扇形の範囲に留まることが多くあります（次ページ左図）。

　これでは，それ以外の生徒が見えません。生徒も授業に参加しなくなります。

　そこで，板書が終わってから教室の窓側の隅に移動するのです。ここに来ると扇形の視野であっても，クラス全体がよく見えます（次ページ右図）。

　一石二鳥ということです。

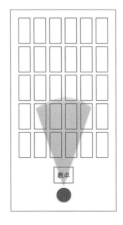
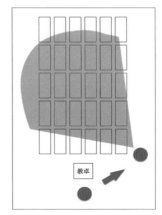

6 チョークの種類

　ほとんどの先生は，学校に備え付けのダストレスチョークを使っているだけだと思います。このチョークは硬く，持つ所が青くコーティングしてあり，手が汚れず，早く書いても折れにくいということから採用されていると思われます。その用途においては良いと思います。しかし，これは板書が苦手な先生には，書きにくいチョークではないかと思うのです。書きやすいマイチョークを持つことをお勧めします。

　それは，通常「きぬごしチョーク」[*3]と呼ばれています。柔らかいタッチで黒板に吸い付くような感覚で書けることがあります。筆のような線を出すことも可能です。事務に言って買ってもらってもよし，自分で揃えても一箱1000円くらいです。

　チョークの太さは考えたことがあるでしょうか？　実は通常のチョークの太さの他に，極太のチョークがあります[*4]。これにも硬いチョークと柔らかいチョークがあります。生徒と問答をするタイプの授業では，生徒の発言をどんどん黒板に書きます。その際に，この極太の硬いチョークで書くと，ほとんど折れませんし，どんどん書けます。

　また，これをマイクにして子どもの前に持っていくと，なぜか分かりませ

んが話し始めます。さらに
　「よし，ではこの問題ができた者は，この極太チョークを使って黒板に書いてもよろしい」
と言うと，生徒たちは気合いを入れて問題を解くという副次効果もあります。
　さらにさらに，禁じ手を。食べられるチョークです。ハッカ糖*5 という新潟のお菓子があります。これが実にチョークにそっくりなのです。
　授業中に突然，
　「あー，今日はイライラするな。カルシウムが足りないかな。カルシウムと言えば，チョークだな。お，うまそうだな。食べてみよう。ポリっ！」
とやると，教室はパニックになります。もちろん，チョーク箱に仕込んでおいたハッカ糖を食べているのですが，なかには
　「え？　チョークって食べられるの？」
とチョークに飛びついて食べてしまい
　「うぇ～，苦酸っぱい！」
となる生徒も出てきますので，取り扱いには十分に注意してください。チョークって苦酸っぱいんですね (^^)。

7　チョークの色

　使う色は，2色。白と黄色です。赤はなるべく使いません。日本人の男性の5％は色覚異常を持っているとのことです。40人学級では，男子が20人とすれば1人です。クラスに1人いると考えてよい人数です。この生徒は，緑色の黒板に赤色の文字で書かれても読めません。緑色の黒板に緑色で書いたように見えてしまいます。強調するために使う色の赤が読めないのでは，全く意味がありません。赤色で書きたい所は黄色で書きます。
　多くの色を使って，色それぞれに意味を持たせる場合，あらかじめ「この色は～の意味があります」ということを説明し，ノートの表紙の裏などに一覧にして記録させておきます。凡例はここに書いておくのが分かりやすいです。色分けの他に，四角でくくる，二重の四角でくくる，棒線，波線，二重

線などで色を使わずに行うこともできます。

8 チョークの持ち運び

　チョークケースに入れて持ち運ぶ方が多いと思います。このチョークケースに少し思い入れを持ってみてもいいかもしれません。私は，桐でできた小箱を使っていました。桐は空気中の水分を程よく吸ってくれます。中に入っている「きぬごしチョーク」を書きやすい状態に保ってくれます。

梅雨の時期にこの小箱の中で保管しておいたきぬごしチョークを使って板書すると，チョークが黒板に吸い付くようでとても心地の良い板書ができます。そんな日の授業は，少しだけ良いような気がします。

9 チョークを使った書き方

　現在私が大学で指導している京都橘大学の学生たちには，書道コースの学生がいます。その書道コースは，全日本高校・大学生書道展で大学日本一の栄誉を連続で取り続けていますが，その学生たちでも授業の最初の頃に黒板に書く字は，極めて下手です。大きく二つの理由があります。

① 壁面に文字を書く経験がない。
② チョークの使い方に慣れていない。

　①に関しては，腕を前に出して書くという経験がないので，腕の筋肉が育っていません。また，通常字を書くときは指のつけ根を机に置いて書きますが，黒板では置くところがありません。これでは書けません。書きながら育てていくことになります。

　②について端的に言えば，チョークは回しながら書くということです。チ

ョークは円柱形になっていますが,その円柱の角が削れて先端が三角錐のようになっていくような書き方をしないと書けません。ところが,シャープペンシルやボールペンではこれをしなくてもいいため,回すということをせずに書く習慣ができてしまっています。チョークは,回しながら書かなければ書けません。これは有田和正先生もおっしゃっています[*6]。

これを踏まえた上で,初級・中級・上級のチョークを使った書き方を説明しましょう。

(1)「初級」

①新しいチョークの場合は,円柱の角を黒板の角で研いで丸くしておきます。黒板に10:0で構えます。生徒のことは意識せず,黒板に集中します。書きはじめの文字の位置を決めたら,黒板の垂直の場所を確認します。文字の中心をこの場所に持ってくるイメージを持ちます。黒板消しなどを置いて分かりやすくしてもいいです。

②チョークは,掌の中に包むように持ち,人差し指で上から添えます。
この持ち方で,手首を「動かさず」に書きます。③人差し指の先端で黒板をなぞる感覚で書いていきます。文字の粒を揃えることと,文字列の中心が下に置いた黒板消しの所に落ちていくことを意識して書きます。行を変える

①

②

③

ときに，文字の頭の位置が揃っているかを確認しながら書きます。チョークを回さないと，線がドンドン太くなります。回して適切な太さの場所を見つけながら書き進めます。

　ここまでできるだけでも，かなり読みやすい字になっているはずです。

(2) 「中級」

　チョークは人差し指と親指で持って，手首を動かしながら書きます。筆の場合は手首を固定して，毛先の動きで表情をつけていきますが，チョークの場合は手首から先が筆先になるイメージです。手首と指先を回しながら，チョークの表面にできる角を使いながら，一定の線の太さで書けるようになります。用言の活用等の表の線が，縦線，横線ともに曲がらずに伸びやかに書けるようになっていれば，中級でしょう。

(3) 「上級」

　持ち方は中級と同じです。手首の他に，肘と肩と回します。肘を中心に文字を書くイメージです。チョークであっても，筆のようなタッチで書けるようになります。細い線，太い線，トメ，ハネなども表現できるようになります。

　四分六の構えで，奇麗に書く文字，読みやすく書く文字，生徒の発言をメモするスピード優先の文字などを使い分けて書けるようになっている。合唱曲の「旅立ちの日に」ぐらいの歌詞の分量であれば，10分程度で書ききれる。ここまでくれば上級でしょう。

　理想としては，教育実習のときに初級のレベルになっていることです。プロになったのであれば，一刻も早く上級を目指すべきです。文字が読みやすく奇麗だと，子どもたちは

（この先生は，頭が良くていい人だ）
と勝手に美しい誤解をしてくれます (^^)。
（この先生からなら習ってもいいかな）
と思わせることができます。

　教師が自分で教師であることの存在を示さなければならなくなっている今，国語科の教師にとって読みやすい板書ができるということは，とても大きな意味を持っています[*7]。

10 トレーニング方法

　現実を理想に近づけるためには，トレーニングを重ねるしかありません。授業中に板書をしながら行うことがトレーニングではあるのですが，他にもやれることはあります。いくつか紹介しましょう。

ポイント

① 鉛筆と無地のノートで過ごす
② 摸書
③ 放課後に書いておく
④ 下絵
⑤ 課題を持って練習する

(1) 鉛筆と無地のノートで過ごす

　極めて単純で簡単な方法です。シャープペンシルを止めて，鉛筆で過ごすことです。鉛筆も回さないと書けません。鉛筆を使うことで，回しながら書く感覚を実感します。鉛筆はできれば2B，4B，6Bなどの濃いほうがいいでしょう。そして，鉛筆削りで削るのではなく，ナイフで削った芯のほうがチョークの角を使って書く感覚を身に付けやすいと思います。

　無地のノートというのは，罫線の入っていないノートのことです。ここにまっすぐに書けるようにします。机の上と黒板とでは角度が90度違いま

すが，ノートでまっすぐに書けるようにならないと黒板では厳しいでしょう。文字の中心をつなげることを意識して書きます。

(2) 摸書

　私が学生時代にやっていた方法です。大学の書道の恩師は，天皇の祐筆を務められた方ですので上手くて当然なのですが，それにしてもとても上手い。あるとき，失礼なことは承知の上で「先生は，どうしてそんなに上手いのですか？」と伺ったところ「ま，年季が違いますからね」と簡単に答えられてしまいました。

　しかし，書いていれば上手くなる，わけがありません。あまりにも悔しかったので，私は授業が終わってから，先生が授業中に黒板に書かれた文字の上をチョークでなぞり書きをしていました。白のチョークの上に黄色いチョークでなぞります。すると，

　（あ，ここでこうやって手首を回すのか）

などが具体的に分かります。これは書道で言うところの「摸書」という練習方法です。職場に字の上手い先生がいたら，その先生の字の上からなぞり書きをしてみてください。いろいろな発見があるでしょう。

　なぞり書きができるようになれば，かなり上達しています。そうしたら，その文字の横に同じように書いてみてください。これは「臨書」という方法です。これを繰り返します。私は1年やりました。

(3) 放課後に書いておく

　立命館大学の陰山英男先生が，学校現場にいたときにされていたトレーニング方法です。あまりにも板書の字が下手だったので練習したとのことです。書いては消してを繰り返していたようですが，時間がもったいない。

　そこで，放課後に授業の教材研究もかねて行ったそうです。何をしたかと言えば，翌日の一時間目の授業の板書を放課後にやってしまうのだそうです。練習の成果をそのまま授業で活かすわけです。

小学校であればこれは簡単ですが，中学校でも自分が担任しているクラスが1時間目にあれば問題なくできるでしょう。1時間目に授業のあるクラスにお願いして書かせてもらっても問題ないはずです。このトレーニングは1年でおしまいになったそうです。それは上達したからだとのことでした。

(4) 下絵

ここまで文字の話をしてきましたが，板書には絵を描く必要があることがあります。国語の場合はさほど重要ではなく，○の中に男と書き，◎の中に女と板書してその登場人物の位置関係を説明しても特に問題はありません。また，実物投影機に電子黒板等のICTを活用すれば，ほぼ問題はなくなるでしょう。

ただ，どうしても手描きで絵を黒板に描かなければならないのに，絵が下手という場面に直面したらどうしたらいいのでしょうか。

家本芳郎先生は，前の日に鉛筆で薄く下描きをしておくといいとおっしゃっています。これも一種の教材研究だと思います。これを繰り返していくうちに上手くなるのですから，これも一種のトレーニングでしょう。

(5) 課題を持って練習する

夏休みなどの時間のあるときに，取り組むといいでしょう。ひらがなやカタカナだけの詩，短歌，俳句，漢詩，歌詞，小説の一部，文法の表などを制限時間を設けて書く練習です。50分の授業時間の中で板書の時間をどのぐらい取るのでしょうか。これは，生徒に書かせる時間をどのぐらい取るのか，説明の時間はどのぐらいかかるのかによって違うでしょう。時間を意識して板書する練習です。

11 気配り

生徒からしてみると，書こうと思っているのに書けない状態がイライラするわけです。理由はこれまでに述べてきているように「見えない」ことがあ

ります。これについては，書いたら黒板の前を離れる，文字を大きく書くという方法を述べました。その他に考えなければならないことが二つあります。

(1) 難しい漢字

　例えば「憂鬱」という漢字一文字を，握りこぶし一つの大きさで黒板に書く。書く方は書けますが，ノートに書く生徒はまず書けません。「先生，分かりません」という声が出るのが当然。それが予想されるのであれば，黒板の端の所に握りこぶし九つ分ぐらいの大きさで「鬱」とあらかじめ書いてしまいます。「先生，優しい！」と子どもたちは言ってくれます。

(2) 改行等のルール

　詩などを書く場合，改行が重要になることがあります。また，黒板の下に続けて書きたいのに書くスペースがない。こういうときのために，あらかじめルールを決めておくといいです。
　私が指示していた板書のためのルールは三つです。

> **ポイント**
> ① 1行空けて書いてほしいときは，――――――と線を書く。
> ② 行の最初を1文字分下げて書き始めてほしいときは，○を書く。
> ③ 文の途中で1文字分スペースを空けて書いてほしいときは，△を書く。

です。こうしておけば，詩の形式を崩すことなく，書き進めることができます。
　また，「これから各作品は10行だよ」のようにあらかじめ指示しておけば，生徒は次のページに書いたらいいのかどうなのかを判断しやすくなります。この結果，ノートが綺麗になります。ちょっとした気配りをするだけで違います。

【注・参考文献】
* 1 どの漢字が大きく書いてどの漢字が小さく書くのか，またそれぞれの漢字がどんな形をしているのかということを知るには，漢字の結構法を学ぶ必要があります。明の時代の李淳がまとめた「大字結構八十四法」を見るといいでしょう。國學院大学の書道研究室で出版している『書法初歩』に分かりやすく収録されています。
* 2 家本芳郎編著『すぐつかえる授業ハンドブック』たんぽぽ出版，2005 にあります。
* 3 「きぬごしチョーク　日本白墨　天神印」で検索してみてください。
* 4 「極太チョーク」で検索してみてください。
* 5 「ハッカ糖」で検索してみてください。
* 6 私と糸井登先生で主催する，教育研究会「明日の教室」の講座（2011 年 5 月 14 日）で，熱心に話されていました。
* 7 教師の存在を示すものとして板書の他にもう一つあります。声です。後述します。

2 発音／発声の基礎・基本

1 教師になりたての頃に恩師に言われたこと

　教師になって最初の年でした。大学の恩師である竹内常一先生に言われたことがあります。
　「池田，お前の授業は子どもたちが分かるのか？」
と。何を言われているのかがよく分かりませんでした。学生時代の塾のアルバイトでそれなりの指導力はついていると思っていた私ですから，
　「はあ，分かると思いますが」
と答えました。すると
　「モゴモゴした言い方で伝わっているのか？」
と先生はおっしゃいました。
　そんなことはないだろうと思いつつも，恩師の言うことですから一応確認してみようと思い，「ラジカセ」（って分かりますよね？）を録音状態にセットして教卓の下に置いて自分の授業を録音してみました。帰りの車の中でそのテープを再生してみて，私は思わず急ブレーキを踏んでしまいそうになりました。
　「へ，下手〜〜〜！」
なのです。何が下手かと言えば，
・モゴモゴしている。滑舌が悪い。
・タ行，ラ行が言えていない。
・間がない。
・自分で面白いことを言って，生徒が笑い出す前に自分で笑っている。
・声が大きすぎる。

第2章 授業を行うための基礎・基本

まったくもう恥ずかしいったらありゃしないでした。しかし，私が恥ずかしいのはどうでもいいことで，この話し方で授業を受けている生徒たちは実にかわいそう。というか申し訳ない。なんとかしなければならないと修行を始めました。

2 滑舌調音

私の一番の弱点は，モゴモゴとした話し方でした。これは，口をはっきりと開けて話すことでかなり改善されます。はっきりと開けるためには，

ポイント
① 口を開けることを意識する。
② 口の筋肉を鍛える。
③ （歯並びなど）歯を健康な状態に整える。

この三つが大事です。次ページの滑舌調音での練習は，①と②に効き目があります。早口言葉として使われる言葉もありますが，早く言う必要はなく，一音一音をはっきりと発音しようと意識して発音することです。

当たり前ですが，発声するためには口を使うわけです。そして，口も筋肉で動きます。教師になる前に口の筋肉を鍛えている人というのは，そんなにいないでしょう。だから，曖昧なモゴモゴとした話し方になりがちだと思います。トレーニングする必要があります。

私は学校に行く車の中で，トレーニングしていました。テープに自分で録音してそれをカーステレオで流しながら，学校に向かいました。ウォーミングアップにももってこいでした。口の筋肉をあたためて動きやすいようにして授業に臨むことができます。私の場合，3ヶ月くらい続けたところで，かなり改善されました。

滑 舌 調 音

1. 青は藍より出でて藍より青し。
2. 鵜が鮎を追い合う。
3. 毎度の事ながら前通りに願います。
4. お綾や親にお謝りなさい。
5. お志しは有難いがお心底が恐ろしい。
6. 鴨米噛みゃ子鴨が粉米噛む，粉米の生噛み粉米の生噛みこん粉米のこ生噛み。
7. 東京都特別特許許可局，日本銀行国庫局。
8. 古栗（ふるくり）の木の古（ふる）切り口，菊栗菊栗三菊栗合わせて菊栗六菊栗。
9. 乳牛の牛乳と肉牛の牛肉をギュウギュウ詰め込んだので胃の腑がギューとなった。
10. 見事な顎髭の老人が名残惜しげに無言で孫の凍える手を握った。
11. 佐賀の佐々木三郎さんと佐渡の佐々佐吉さんが，去る日酒場で皿の鯖を肴に酒を差しつ差されつしていたとさる人が囁いた。
12. 社会情勢と周囲の諸情勢を参照し終始草案再審査の実際の働きに専念せられた秀才諸氏の意志を重視し，小生は誠心誠意本成案の即時実施に賛成する。
13. 上方僧（じょうほうそう）書写山（しょしゃざん），社僧（しゃそう）の総名代（そうみょうだい），今日（きょう）の奏者は書写じゃぞ書写じゃぞ。
14. この竹垣に竹立て掛けたのは竹立て掛けたかったから竹立て掛けたのです。
15. 田泥鰌（たどじょう）畦泥鰌（あぜどじょう）。
16. 山王の桜に三猿三下がり，合（あ）いの手と手と手手と手と手と。
17. 鼓（つづみ）と小鼓（こつづみ）を小包（こづつみ）に包む。
18. のら如来のら如来三のら如来に六のら如来。
19. 鉈豆七粒・生米七粒・七粒鉈豆・七粒生米。
20. 京の生鱈奈良生マナ鰹。
21. 武具馬具武具馬具三武具馬具合わせて武具馬具六武具馬具。
22. 伝染病予防病院・予防病室・伝染病予防法。
23. 蛙ぴょこぴょこ三ぴょこぴょこ合わせてぴょこぴょこ六ぴょこぴょこ。
24. 麦ごみ麦ごみ三麦ごみ合わせて麦ごみ六麦ごみ。
25. よき人の吉野よく見てよしと言いし吉野よく見よよき人よく見つ。
26. 老練な理論家だけに理路整然と論理的に議論する。
27. 治療中の旅客，最良の料理。
28. 凛々と凛と振ったる小薙刀，一振り振れば敵はちりりん。
29. とろろ芋を取る苦労より，とろろ芋からとろっとするとろろ汁を取る苦労。
30. 虎を捕るなら虎を捕るより鳥を捕り鳥を囮に虎を捕れ。
31. 五郎が五両で十郎が十両。
32. 笑わば笑え妾は笑われる謂れは無いわい。
33. 儂の家のわしの木に鷲が止まったから儂が鉄砲で鷲を撃ったら鷲も驚いたが儂も驚いた。

資料の滑舌調音は，ア行から始まって，ワ行で終わっています。やってみると得意な行と，苦手な行があることに気がつくでしょう。弱点が認識できれば，あとはトレーニングでかなり改善できます。

　まずは，自分の授業の様子を録音してみましょう。多分，叫び出すと思います(^^)。でも，そこからです。

3　ケンカをするくらいの声量で話す

　教師はどのぐらいの声の大きさで話すことが求められるのでしょうか。

　緊急時の声量は，「せめて五百人くらいの子どもに向かって，校庭で，マイクなしに聞こえる声を出せるようにしたい。それは集団を指揮して集団訓練するためでなく，子どもの生命を守るために必要だからである」と家本芳郎先生はおっしゃっています[1]。地震や火事など予測不能な事態で，子どもの命を守るためにはこのぐらいの声量が必要になるということです。

　これを最大と考えて，教室での声量はどのぐらい必要なのでしょうか。上越教育大学の西川純先生は，「ケンカをしているときくらいの声量」と説明されています。このくらいの声量でちょうどいいのです。そんな大きな声で日常の会話をしている人はいないでしょう。

　つまり，教室で教師が話す声量は，日常のものとは全く違うということです。ちなみに，このケンカをするくらいの声量で，文学作品を扱うとき，愛を語る繊細さも表現しなければなりません。大きいだけでも駄目ということです。

　大きな声を出すにはどうしたらいいでしょうか。極めて当たり前のことを言います。話を始める前に，しっかりと息を吸うことです。そのためには，しっかりと吐くことです。

　また，自分の体と声の関係をしっかりと理解することも大事です。ちょっと矛盾したことを言いますが，自分が自分の声をきちんとコントロールできるようになると，大きな声は必要なくなってきます。それはどんな声かと言えば，「あなたの感情やイメージがちゃんと表現できる声」[2]です。その声

を出すためのレッスンは参考書を読んでみてください。

4 届く声

　教師は1日に，多いときは6時間授業があります。中学校ではこの後に委員会指導，クラブ指導，生徒指導と入ることもあります。つまり，1日中話しっぱなしのこともあるわけです。そこでは，指示，説明，発問，説得とありとあらゆる言語活動を教師はします。

　話すことに慣れていない人であれば，1日で声が嗄れてしまうでしょう。無理なく大きな声が出る，自分でコントロールした声が出せるようになるまでは，以下のやり方を併用するのがいいでしょう。これで生徒に届く声になるように補強します。

> **ポイント**
> ① 目を開ける
> ② 声を教室の後ろの壁と天井の境目に向けて出す
> ③ 立ち位置
> ④ 声のベクトルを考える，包み込む
> ⑤ Zで見る，話す

　①目を開けて話すと，良いことが二つあります。表情が明るくなることと，声が響く空間が頭部にできることです。②この位置に向かって話すと，教室で比較的声が響きます。その位置を掴んだら，「前列から4～5人目の生徒に『届く声』で」[*3]話すように心がけます。③教室を歩き回って自分の声が響く位置を探しましょう。私は黒板から75cm程度離れた場所が響いていました。また，どうしてもある生徒に声を届けたい場合は，その生徒の傍まで歩いていく。これも大事です。④教室の角の生徒と問答をしていると，残りの生徒に声が届かないことがあります。そのときは，声を飛ばしましょう。包み込みましょう。「山田君，今日の午後の天気は？」「えっと，雪で

す」「へーそうなんだ」と言って山田君を見るのではなく，山田君を見つつ，クラス全体に声を広げて包み込みます。⑤教卓で話すときは，Zの動きで生徒を見ながら話します。つまり，最前列右から左を見て，教室を斜めに見て，後ろは左から右を見ます。これをいくつかのパターンでやることで，教室全体に声を届けることができます。

5 間

　テンポよく，立て板に水というのも大事なのですが，それ以上に大事なのが「間」です。家本先生は「教師の話の『間』は，子どもたちが，頭の中で『なぜかな』と考える時間である」*4 と述べています。聞き手が考える時間がなければ，聞き手は話に参加しません。適切な場所で間を取らなければなりません。

　では，どこで取ればいいのでしょうか？　これはなかなか難しい問題です。家本先生は「『間』を考える場合，子どもがどう反応するか予想すると，間を取る場所が見えてくる」*5 と述べています。その通りなのですが，それでもその場所で黙ることができない先生がいます。私は，まずは，「えー，あー，うー」を言わないことを訓練するのがいいと思います。方法は簡単です。自分の授業を録音して聞き直すだけです。3ヶ月ぐらいで直ります。「えー，あー，うー」を言わないと，間(あいだ)ができます。これを使って間として活用します。

　さらに基礎練習として，落語を聞き続けることです。この効果は大きいものです。落語に全く興味のない人には，私はまず，立川志の輔「親の顔」，古今亭志ん朝「夢金」，柳家小三治「金明竹」，この三師匠の噺から入られるといいと思います。YouTube などにもあると思います。大笑いしながら勉強できるのですから，なんとも幸せです。

6 メンテナンス

　ちょっと喉の調子が悪いと思ったら，喉にガーゼとかバンダナを巻いて寝

ることです。随分違います。また，風邪を引いたら，耳鼻科に行くことです。若い先生は，これから30年以上も喉を酷使します。きちんと育てて，丁寧に使って，コンディションを整える習慣を身に付けるといいでしょう。

【注】
*1, 4, 5　家本芳郎『教師のための「話術」入門』高文研，1991
　　ちなみに，戦前は2000人の前でだそうです。
*2　鴻上尚史『発声と身体のレッスン　魅力的な「こえ」と「からだ」を作るために』白水社，2012
*3　加藤昌男『先生にこそ磨いてほしい「ことばの伝達力」　教室で役立つ30のヒント』NHK出版，2009

第3章
スペシャリスト直伝！国語科授業の作り方アラカルト

1 三つのスタイル

　ざっくりと言って，一斉授業には次の三つのスタイルがあると考えています。講義，問答，ワークショップです。簡単に説明すれば，教師が一つの考えを論じ説明しながらすすめるものが講義スタイル。指示，発問，説明などの指導言を使い，学習者とのやりとりを中心にして行うのが問答スタイル。学習者が活動を行う中で学習課題を達成していくのがワークショップスタイル。

　それぞれのスタイルで授業を進める際，教師が身に付けておくスキルは，論証，指導言，ファシリテーションです。これらの力がそれぞれの授業を支えることになります。

　例えば，「急がば回れ」ということわざを学ぶ授業を作るときに，ことわざと慣用句と四字熟語と故事成語はどう違うのかなどを論じていくのが講義。

　では「急がば回れ」は，ことわざ，慣用句，四字熟語，故事成語のうちのどれなのか？　と問いながら進めていくのが問答スタイル*1。

　「急がば回れ」と「善は急げ」という矛盾したことわざを並べて，簡単なディベートをしながら進めるようなもの*2 がワークショップスタイルです。

　授業者は，一つの授業をするときに，学習者と学習目標を考えて，どのスタイルを選ぶのが良いのかを判断して授業を作ります。つまり，三つともできることが肝要です。一つの単元を一つのスタイルで行うこともあるでしょうし，一つの授業の中に三つのスタイルを混ぜながら行うこともあるでしょう。教師は，自分の得意なスタイルを持っていると思います。

　しかし，生徒の実態と目的によってはその得意なスタイルが合わないこともあります。多くの授業スタイルで指導できるようになっていて，そのときに適切なものを選べるようにしたいものです。

2 授業の構成とテレビ番組

　どのスタイルをとる場合でも，もう一つ考える必要があるのが授業の構成です。50分の時間をどのように構成するかで，生徒の学習の意欲はずいぶんと変わるものだと考えています。その構成を自分で考えられるようになったら，かなりの授業上級者です。しかし，これはなかなか難しい。

　そこで参考にするのが，人気テレビ番組の構成です。人気テレビ番組は，その内容が優れているから優れているのでもありますが，実は番組の安定した構成がキモなのです。ここでは三つ紹介しましょう。

1 サザエさん

　サザエさんは，ご存知の長寿番組。30分の構成は，例えば以下のようなものです。

> ①オープニングソング　②わかめの巻　③CM1　④カツオの巻
> ⑤CM2　⑥波平の巻　⑦次週の予告

これを国語の授業に当てはめると，

> ①本日の授業の目標の提示　②漢字の小テスト　③雑談1　④宿題の確認　⑤雑談2　⑥教科書の読解　⑦本日のまとめ，次回の予告

というようになります。モジュール型の授業ですね。

　こう書くとコロコロと変わって落ち着かないようにも思えますが，実は逆で，生徒たちの周りにあるテレビはもっと早いテンポで動いているので，こ

のぐらいのスピード感で十分に対応ができます。

また，授業初心者は，一つのことで50分間をもたせることは厳しいと思われます。短いモジュールから始めて，一つの指導部分を長くできる指導力を身に付けていくのがいいでしょう。

2 コナン型と古畑型

特に教科書の読解の授業のときに有効な考え方が，この「コナン型と古畑型」の授業展開です。もちろんこれは，アニメ「名探偵コナン」とドラマ「古畑任三郎」のことです。説明するまでもないのですが，コナンはコナン少年が，推理をしながら最後に殺害犯人を当てる展開です。一方古畑は，視聴者は最初に犯人も殺害方法も分かっています。分かっていないのは古畑だけで，なぜ古畑がその人を犯人だと推理したのかを追いかける展開です。

(1)「走れメロス」

多くの国語の読解の授業は，コナン型で行われています。例えば「走れメロス」であれば，「メロスは激怒した。」から先生が読み進め，最後に「というわけで，この走れメロスのテーマは，友情でしたね」ということになる。なんというか，実に面白くないのです。そして，指導者の力量がないと，授業の展開が破綻することがあります。

これを古畑型にするとどうなるでしょうか。

「今日から『走れメロス』を読んでいきます。この小説のテーマは『友情』です。では，本当にそうだと言える根拠を，本文から探してください」
となります。

生徒は，「でええええええ」となることでしょう。そして，自分で自分たちで読まざるを得なくなります。犯人，つまりこの作品の主題が分かっているわけです。しかし，その根拠は分かりません。だから，それを捜すのです。これが古畑型です。

もちろん，簡単には辿り着きません。教師である私は

「だいたいからしてこんなメロスのような友人は欲しい？　16歳の妹の結婚式の準備のために村から市にやってきて，それで王様に頭にきてお城に乗り込んで行ってしまって，捕まったら（しまった！）と思ってセリヌンティウスに代わりに捕まっていてくれなんて言うような友人は欲しい？」
「村に帰ったら，自分の都合で妹の結婚式を急に明日にするようなメロスは，迷惑じゃないか？」
などと揺さぶるのですが，
「でも，結論は友情なのです。さて，根拠はなに？」
とやります。

これは議論が生まれる授業になります。議論は，主張の言い合いではなく，根拠の提出し合いだからです。そして，その根拠は教科書の本文のみから提出を認められますから，読まざるを得なくなります。

（2）平家物語「扇の的」

もう一つ例を出します。『平家物語』の「扇の的」を使って，ディベートの授業をしたことがありました。そのときの論題は，【与一の心情に近いのは，源氏の武将たちの最後の言葉「あ，射たり」と「情けなし」で，与一の心情に近いのは「あ，射たり」である。】でした。この論題を与えて生徒たちにディベートの試合を指導しました[*3]。

平家物語の扇の的の最後のシーンにはこのような描写があります。

「御定ぞ，つかまつれ。」
と言ひければ，今度は中差取つてうちくはせ，よつぴいて，しや頸の骨をひやうふつと射て，舟底へさかさまに射倒す。平家の方には音もせず，源氏の方にはまたえびらをたたいてどよめきけり。
「あ，射たり。」
と言ふ人もあり，また，
「情けなし。」

> と言ふ者もあり。

　射倒した後，平家はただ黙っています。源氏は，えびらをたたいてどよめきつつ，「あ，射たり」と「情けなし」に分かれています。さて，与一はどちらの側の心情に近かったのだろうかということを考えさせ，読み取らせたいと思ってこの授業を作りました。
　このディベートの試合の中で印象的なシーンがありました。
　「あ，射たり」の側の生徒が，
「与一の心情は，『あ，射たり』に近い。なぜならば，彼は最初に男に扇を射よと挑発されたときは，鏑矢を使っています。ところが，2回目のときには中差の矢を使っています。鏑矢には殺傷能力はありませんが，中差の矢にはあります。だから，男を射ようとしているのですから，『あ，射たり』，つまり命中してよかったということになります」
と議論を展開しました。
　実は私はとても驚いてしまいました。確かに教科書には，鏑矢と中差の矢の説明はあるのですが，そこをこのように読み取って根拠にするとは思いもよらなかったのです。ところが，これに反論がありました。
「確かに，鏑矢には殺傷能力はなく，中差の矢にはあります。しかし，鏑矢は戦闘開始の合図に使う矢なので，通常1本しか持っていかないわけです。ですから，『御定ぞ，つかまつれ』と男を射る命令を受けた与一は，中差の矢を使わざるを得なかったと言えます。ですから，殺意があったとは断定できず，『あ，射たり』と言い切ることはできません」
と。通常の「扇の的」で読み取らせたい中心テーマとは違うやも知れません。ただ，この与一の心情がどちらに近いかについて，教師が説明する展開の授業では，ここまで生徒たちは考えなかったのではないかと思うのです。
　最初に結論を示して，根拠を探させる。または，二つの結論候補を提示し，どちらが結論なのかを確定する根拠を捜させる[*4]。このような古畑型の授業の構成は，

第3章　スペシャリスト直伝！　国語科授業の作り方アラカルト

> **ポイント**
> ●テキストを読み込まざるを得ない
> ●議論を生みやすい
> ●批判的思考を育てる

という観点からも，もっと取り入れるのがいいと考えています。

3 ためしてガッテン型

　問題解決型の授業を作るときにいいでしょう。NHK「ためしてガッテン」では，

・テーマの周辺を理解させる問題で，出演者の紹介
・テーマに関する常識，歴史の紹介
・テーマに関する素朴な疑問，常識の否定
・テーマに関する実験，検証
・テーマに関する結論
・テーマの結論を使った「実習」
・テーマの簡単なまとめとしての「小論文」

のような構成になっています。

　私は大学の教職総合演習という授業で，この型を使って学生たちに発表をさせています。このためしてガッテン形式で発表すると実に良いのです。

　例えば，「最近の子どもの名前について」を発表したグループは，
・変わっている子どもの名前のいくつかの例の紹介
・子どもの名前の付け方の歴史
・子どもの名前を付けるにあたっての流行のルールはあるのか？
・時代の変化と名前の変化の関係

・子どもの名前には，親の願いが込められていることの発見
・子どもの名前の読み方から，漢字を想像するクイズ「こづえ→虎強」などの実施
・簡単なまとめ
のように発表していました。
　これは中学生の発表の授業でも十分に使えるものだと思います。プレゼンテーションや総合的な学習の時間でも活用できると思います。

3 授業の時間

　中学校の国語科の授業は，通常1コマあたり50分です。授業を作るとき，教師はまじめなので，50分の時間をフルに使おうと授業計画を立てます。しかし，50分の時間で50分の授業を実施するというのは実はかなり難しいことだと言えます。

　この授業が講義形式で，教師の準備がそのまま授業でできるのであれば，時間通りにいくでしょう。しかし，そんなことはありません。問答やワークショップの形式で実施する場合，生徒とのやりとりが出てきます。ここでは教師の想定していたことを超えたやりとりが生まれます。

　例えば，中学校1年生で漢字を教えていたときのことです。

　「ということで，この漢字の詳しい意味を知りたい場合は，漢和辞典を使うと良いわけですね」

と説明したところ，反応がない。どうしたのかと思ったら

　「漢和辞典ってなんですか？」

という答え。

　（えええええ！　そこから教えるの？）

と思いつつ，

　「そうか。じゃあ，図書室に行こう」

と言って教えることになるわけです。または，少なくとも漢和辞典とは何かということを説明しなければならなくなるわけです。

　ここで漢和辞典の扱いをしなければ，あとで指導することは難しくなるでしょう。改めて時間を確保したところで，子どもたちの興味はほぼありません。その場で指導することが大事なのです。

　また，中学校では授業の中で行事の連絡事項を伝えたり，生活指導をする

こともあります。教室が落ち着いておらず，授業を定刻通りに始めにくいこともあります。そんなことから50分の授業を50分で作るのは，相当実力がないと難しいと私は考えています。

　私は，50分の授業を45分，40分，35分の3段階ぐらいで作ることをお勧めします。通常は，45分で終わるだろうという内容を準備します。難しい内容であれば40分。さらに，生活指導などが絡んできそうなときには35分の内容で準備しておくということです。こうしておけば，生徒とのやりとりを活かした授業を行うことができます。

　逆に言えば，これをしないと教師が想定した「正解」を言う生徒だけを拾ってつなぎ合わせて，50分でなんとか予定した範囲を終わらせるだけの授業になってしまいます。もっと言えば，生徒が間違えることを許さない授業になってしまいます。授業は教師が想定した「正解」から作るのでなく，生徒の「間違い」から作る方が，生徒が考える授業を作れます。そのためには，50分の授業を50分で計画というのは，止めたほうが良いでしょう。

4 年間の授業を安定させる三つの形態

　忙しい中学校現場で，教材研究をし続けるのは大変なことです。ベテランであれば，教材研究のストックがありますから対応できます。しかし，若手にはこれがない。そんな中で安定した授業を生み出すために，三つの形態を考えてみます。やることを決めておきます。連載，定番，新規開拓です。

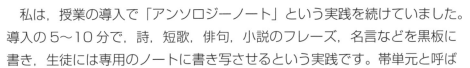

1 連載

　私は，授業の導入で「アンソロジーノート」という実践を続けていました。導入の5〜10分で，詩，短歌，俳句，小説のフレーズ，名言などを黒板に書き，生徒には専用のノートに書き写させるという実践です。帯単元と呼ばれるものです。

　私は，日本には折角豊かな四季があるのに，教科書で「俳句」の単元を扱うときまとめて四季すべての俳句を扱うのが，どうも許せませんでした。その季節にその季節の俳句を学ばせたいという思いがありました。また，進路決定，行事の前後にそのときに相応しい言葉を教えてあげたいという思いもありました。

　そんなとき，私の高校の日本史の恩師の増田先生の授業を思い出しました。先生は，太平洋戦争でシベリアに抑留され，戦後日本に帰って来たとき，歴史を若者に学ばせることが大事だと思い日本史の先生になられたとのことでした。しかし，実際に授業をやってみると先生が大事だと考えている近代を扱う時間がほとんどない。

　そこで，先生は授業の開始後に黒板の右上に，太平洋戦争があった年の今日は，何があったのかをメモして5分ぐらいで語ってくださいました。それが日本史の授業の導入のときに1年間続いたのです。

増田先生の授業をヒントにして，私は導入の5〜10分で，詩，短歌，俳句，小説のフレーズ，名言などを黒板に書き，生徒には専用のノート，アンソロジーノートに書き写させて，簡単な説明を加えるということを始めました。

　結果的に3年間で200作品程度教えることができました。定期考査ごとに気に入った作品を覚えさせて，答案用紙の裏側に書かせる試験もしました。これは成功したように思えます。良かった点といえば，下記のような点があります。

ポイント
- 授業の導入を怒らなくてもいい
- 楷書の書写になる
- 季節感を具体的に実感させられる
- 生徒の成長にあった言葉を教えられる
- 時間の調整ができる

　私がこの実践を始めた1987年は，インターネットはありませんでした。私は大学ノートに書き留めてあった自分の好きな作品から選んで教えていました。その後，「ファイルメーカープロ」というカード型データベースソフトで作品を管理するようになってから，季節，作品の形式，キーワードなどで簡単に検索できるように改良しました。

　今は，インターネットがあるのでもっと簡単に作品を検索することができるでしょう。他には，百人一首を1回の授業で，1首ずつ教えていくのでもいいかと思います。また，七十二候を教えるのも生徒たちに季節感をプレゼントできていいでしょうね。3年間，最低でも1年間その生徒を教えることができます。積み上げて指導していく連載という考え方を持つことは，大事です。これが連載です。

2 定番

　専門の国語の指導者であっても，苦手な分野はあることでしょう。逆に，ここはとっても得意というところもあるでしょう。私は苦手な部分を改良しつつ，一方で得意な分野は十分に丁寧に指導すべきだと考えています。

　先生が自信を持って楽しそうに教えている姿を子どもたちが見ることは，意味があることだと考えています。

　例えば，書道が得意な先生もいるでしょう。その先生にとって書写の教科書に載っているお手本は，「これはいかがなものか？」と思えるものもあるかもしれません。そういうときは，中国や日本の古典を持ってきてお手本にして行うぐらいでいいと思っています。

　本物を教えることができるのですから，やるのがいいと思います。自信を持って指導できる内容をきちんと教える。これが定番です。

3 新規開拓

　実際のところ，10年も授業をしていると教科書のどの部分であってもそれなりに授業ができるようになるでしょう。場合によっては，飽きてきます。教師が飽きているその様子は，生徒たちの学習に良い効果を与えるものではありません。

　本当のところは，教材は同じであっても生徒は毎年変わります。同じ生徒でも成長しています。そうだとすれば，その生徒に合った教材や指導方法を考え続ける必要があるはずです。ルーティーンワークだけの授業ほど，生徒のやる気を削ぐものはありません。しかし，なかなかできないかも知れません。

　私は，意図的に年に一つは今までやったことのない授業に挑戦していました。例えば，学習ゲームや句会などの授業です。その結果，それが定番の授業に育つものもありました。私たちにとっては30数年の教員生活の中の1年間です。しかし，その生徒にとっては大切な1回限りの1年間です。

その子どもたちに合った授業をプレゼントしたいではありませんか。子どもたちの様子を理解し，夏休みに準備を済ませた2学期にぜひ，挑戦したいものです。

　以上の，連載，定番，新規開拓を意図的に行うことで，年間の授業は安定していくことでしょう。

【注】
* ＊1　私の答えは，日本の故事成語です。江戸時代に安楽庵策伝が著した『醒睡笑』という落語のルーツと言われている本に，連歌師の宗長の歌が紹介されています。「武士（もののふ）のやばせの舟は早くとも急がば廻れ瀬田の長橋」。意訳をすれば，「東海道と中山道が交わる草津にある『矢橋』から琵琶湖を船で大津に行くルートがあって，観光もできて早くて楽だが，比叡山から吹き下ろす突風でひっくり返って転覆してしまうこともある。だから，急ぐならば遠回りでも面倒でも陸路の瀬田の唐橋を渡って行け」ということになります。
* ＊2　「ことわざスピーチバトル」の項目で詳しく説明します。
* ＊3　池田修『中学校国語科ディベート授業入門』学事出版，1995，pp.94-108
* ＊4　野口芳宏先生も，「ごんぎつね」の授業でこの古畑型と私が分類する授業をされています。小説の最後の部分「ごん，おまいだったのか，いつも，くりをくれたのは。」の「おまいだったのか」を「！」で読むのか，「？」で読むのかどちらでしょう，という発問です（野口芳宏『野口流　教師のための発問の作法』学陽書房，2011）。ここでは二つから一つを選ぶ形式になっていますが，優れた古畑型の一つと私は考えています。

第4章
スペシャリスト直伝！私のオススメ国語科授業モデル

1 私のオススメ「書写」指導

1 書写教育の不思議

　私は中学校で書写を教えていて、不思議だなあと思ったことがたくさんありました。その中で特に不思議だったことが三つあります。

> **ポイント**
> ● 日常生活に使わない大字を書かせる
> ● 授業でやらなくてもなんとなく許されてしまう
> ● 本物で教えない

　小中学校では、大筆を使って大字を書かせます。半紙に四文字とか半切で書き初めなどの字です。この字の大きさの筆の字を、生徒は卒業してから使うのでしょうか？　大字を必要とする式次第や看板などは、書道を専門で学んできた人か業者に発注するというのが実態です。普通の生徒は書きません。普通の生徒が必要なのは、年賀状、結婚式、葬式に使う小筆です。

　確かに、大筆で書かせた方が筆の毛先の動きは理解しやすいので、そのために使うというのは理解できますが、卒業後に必要になるのは小筆です。小筆を使えるようにするのが大事だと考えています。以下の練習では、小筆をメインに扱っています。

（1）書写は上達する

　私が中学校現場にいたときの平成10年度版学習指導要領には、「書写の指導に配当する授業時数の国語科の授業時数に対する割合は、第1学年は

10分の2程度，第2学年及び第3学年は各学年10分の1程度とすること。」とあります。ところが，守られている学校は少なかったのではないでしょうか。今でも通常の国語の授業や文法の授業にしてしまい，書写は書き初めでお茶を濁すというのが実態ではないでしょうか[*1]。

　これはおかしい。中学生はきちんと指導すれば，1年間でものすごく上達します。一生字の汚さで苦しむことのないようになれます。そのチャンスを奪うのは論外です。

(2) 教科書は使わなくてもよい

　教科書だけを使わなければならないと思い込んでいませんか。そんなことはありません。折角本物が安価に手に入ります。本物とは，中国や日本の書道の古典です。これが簡単に手に入ります。書写の教科書を書いている書道の先生が必ず学んでいる書の古典をそのまま与えればいいのにと思います。中学生の頃に，本物に親しむことはとても大事なことで，それは書写教育でもまったく同じでしょう。

2　摸書を徹底しよう

　私は書写の授業をするときにこう言っていました。
「先生の指導の通りにやりなさい。1年後には，先生と同じような字が書けるように指導してあげます。指導に従った君たちには，一生使える宝物・プレゼントをあげましょう。使っても使ってもなくならない宝物です。だから，きちんと学びなさい」と。

　実際，その指示に従った生徒たちはそのようになります。生徒からの年賀状を見た私の家内は，
「うわあ。あなたの字と同じような年賀状ばかり！」
と驚くのです。

　中学生はしっかりと1年間学ぶと，とんでもなく成長します。しかし，その指導方法は日本の中学校の書写の時間では行われていません。書の本場の

中国では当たり前のように使われている方法です。それが「摸書(もしょ)」です。

(1) なぜ書写が苦手なのか

　書写の指導が苦手な教師は多いでしょう。なぜ，苦手なのでしょうか。
　それは，教師がお手本を書いてあげることができない。また，生徒の作品を添削することができないからだと思います。その結果，書写の授業の時間は作文や文法の時間に変わります。指導がなされないまま，書き初めコンテストが開かれると，堂々と元気よく大きく書いた字や，お習字教室に通っている生徒の字だけが選ばれることになるのではないでしょうか。
　生徒の問題ではなく，教師の側の問題で授業がされていないのです。これはまずいのではないでしょうか。
　しかし，苦手な教師の気持ちは分からないでもありません。気持ちは分かりますが工夫して指導はすべきでしょう。では，どうすればお手本を書かなくてもよくて，添削もすることなく，生徒たちに書写の授業ができるのでしょうか。
　それが摸書[*2]です。摸書とは，簡単に言えば「なぞり書き」です。お手本の上に半紙を乗せて，その上からなぞるだけです。
　しかし，これは本当は実に難しいのです。お手本と全く同じに書くというのは相当の手練でないとできないと思います。

(2) 筆で書く文字はなぜ難しいのか

　そもそも，筆で書く文字は，なぜ難しいのでしょうか。それは今の筆記用具と違って上下の動きがあるからです。筆は押せば太い字になり，持ち上げれば細い字が書けます。ここが，通常使っている筆記用具には圧倒的にない性能です。さらに，毛先を捩(よじ)ったり，筆の側面を使ったり，手首で文字の角度を調整したりということが必要になってきます。これができないと筆での字は書けないのです[*3]。これを一つ一つ説明して練習させるというのは，一人一人を丁寧に見るお習字教室でならばできますが，学校の授業では無理です。

第4章　スペシャリスト直伝！　私のオススメ国語科授業モデル

(3) だからこそ摸書

そこで摸書なのです。

お手本にする字をその通りになぞり書きする場合，筆先がお手本が書かれたときと同じように動かないと再現できないのです。上下，捩り，側面，手首の角度。これらをお手本を書いた人と同じにしないと書けないのです。字の形を学びつつ，筆の動かし方を身体に入れていく学習方法と言ってもいいと思います。

また，書き写した文字とお手本の文字を見比べれば，どこがどのように違うか一目瞭然です。先生も簡単に指摘ができますし，本人でも分かります。

日本の芸事は，型を大事にしています。しかし，なぜか書道はこの型を手に入れるためのなぞり書きを嫌がります。確かに，書道は型を手に入れた後，自分の字を作り出して作品を作っていく営みです。ですから個性的な字が尊重されるのは分かります。

しかし，書道であっても最初は丁寧に古典を学びます。その先に，自分の字です。まして，学校では書写です。徹底的に古典の美しい字を身体に入れることが大事です。そのためには，摸書です。

3　摸書の具体的な方法

(1) 用意するもの

・唐筆の毛の硬い小筆　・仮名用の半紙　・お手本
・水墨と蓋つきの小瓶　・下敷き　・文鎮　など

中学校で書写をやると，生徒たちは小学校のときに使っていたお習字道具を持ってきますが，大概これが悲惨な状態になっています。特に筆は使い物になりません。新しいものを求めさせます。

このとき，初心者には筆先が硬いものを勧めるべきです。私は中国製（唐筆）の「下筆春蚕食叶声」を副教材で買わせていました。ネットで注文すれ
か ひつしゅんさんしょくじゅうせい

ば一本 300 円程度で買えます。安くて良い筆です。この筆は，毛先が 3 色になっています。新しい筆を手に入れたら，赤い部分を指で握って，白い部分まで毛先を柔らかくします。そして，書くときは茶色い部分だけに墨を付けて書きます。このように指導しやすい良い筆です。

　仮名用の半紙は，薄い上に，ゆっくり書いても滲みません。薄いので下のお手本の字がよく見えます。これが大事です。摸書は 500 円玉ぐらいの大きさの一文字を 30 秒以上かけて書きます。そのぐらい時間をかけないと書けません。そこで滲まない半紙が必要になります。半紙は，1 時間の授業で 1 枚あれば十分です。

　楷書を勉強する場合のお手本は，『蘇孝慈墓誌銘（そこうじぼしめい）』をお勧めします。楷書が完成された時期にできた拓本です。癖はなく楷書のすっきりとした字を学ぶ初学者には最適です。お手本を求めて，印刷して渡して使います。

(2) 準備と片付け

　書写の時間に一番手間がかかるのが，筆の準備と片付けです。バケツを用意して教室の前後に置いて，としているとどんどん時間は過ぎます。また，蹴飛ばして教室でこぼされたときには目も当てられません。お薦めは，蓋付きのガラスの小瓶です。この中に，墨汁を入れて持ってこさせます。蓋をとってすぐに書けます。片付けも蓋を閉めるだけです。実に簡単です。

　その他，下敷きや文鎮等は小学生のときに使っていたもので十分です。

(3) 道具の手に入れ方

　筆と半紙は，インターネットで注文するのが一番簡単です。

　お手本の『蘇孝慈墓誌銘』は，中島司有・木村東陽校閲，佐野光一編，國學院大學書道研究室編集の『書法初歩』に収録されているものが一番使いやすいと思います。文字の形である「結構」や，点や払いなどの「点画」の特徴ごとにまとめたものもあり便利です。私はこれを使っていました。

第4章 スペシャリスト直伝! 私のオススメ国語科授業モデル

(4) 筆の持ち方

筆の持ち方は実に重要です。小筆はこのように持ちます。

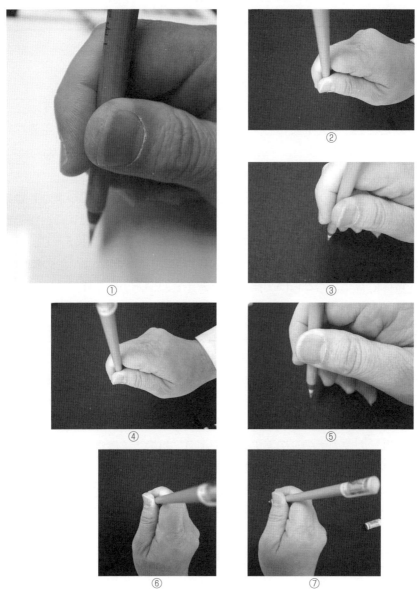

①親指の一番とんがっている所に，筆の中心をあわせます。位置は，毛の根元から，親指一本分上です。
②人差し指の第二間節のところに，筆の軸を置きます。親指と人差し指で柔らかくつまむ感じです。
③中指をそっと下から添えます。
④手首を反らして，筆を立てます。手首の角度は固定します。
⑤掌の中には，ウズラの卵が一つ入るぐらいの丸い空間を作ります。
⑥筆の軸を上から見下ろして，身体の中心でまっすぐにします。毛先が見えないようにします。
⑦少しずつ右側に倒して，毛先が見えた所で止めます。

　鉛筆のように力を入れないで持つので書きにくく感じるでしょう。しかし，これでいいのです。指に力が入っては，筆先や軸をうまく回すことができません。力が入っているときの持ち方は，親指の第一関節が曲がっていたり，親指の爪が白くなっています。これは駄目です。１学期は，この筆の持ち方を身体に教え込むぐらいの時間だと考えていいと思います。

(5) 書くときの姿勢

　正しく筆が持てたら，次は書く姿勢です。
　背筋を伸ばして椅子に腰掛けます。おへその位置を机の天板の高さに合わせる感じです。これを守ると，猫背になりません。机と身体は平行にします。
　机と身体の間隔は握りこぶし一つを空けます。
　左手は，カタカナのハの字の左側のように机の上に置きます。ただし，小筆の場合，左手の上に右手を乗せて書くこともあります。枕腕法と言います。また，左手の人差し指と親指の間を広げつつ，半紙を押さえて下の字をよく見えるようにして書く方法もあります。

(6) 書き方

　下敷きの上に，お手本を置きます。その上に仮名用の半紙を置きます。半

紙の上にもお手本を置きます。

　書こうとする文字のすぐ右横にも，お手本を置きます。こうすることで，お手本の字をよく見ることができます。ですから，一人に同じお手本を3枚与えます。

書いたらずらして手本で字を確認する

　筆を正しく持ち，姿勢を整えて，軽く息を「吐いて」止めます。止めて書きます。小筆を動かすときは，大きな力は必要ありません。大きな力が必要なときは息を「吸って」止めます。100ｍ走などがそうですね。

　筆は逆です。吐いて止めます。吸って止めると，筆が震えます。また，息を吐いて止めると私語ができません。

　視線が大事です。お手本をよく見る。そして，先を見るということです。「一」という字を書くとき，筆を最初に左側に置きます。そのときに視線は右の端を見ます。そして，そこに筆を運ぶ感じです。筆先を見ることも大事ですが，そこばかり見ていると震えてしまいます。ミクロとマクロの両方の視点で書くことを求めてください。

(7) 教師が指導すること

　50分の授業の時間で，準備と片付けに5分。今日のポイントの説明に5分使ったとして，40分書けます。実際にやってみると驚くと思いますが，生徒たちは必死に書きます。私語はないはずです。誰か咳でもしようものなら，みんな睨みます(^^)。

最初のうちは，20分書いて少し休憩をいれて，残りの時間をまた書くという流れになるでしょうか。これに慣れると，40分書き続けるということも珍しくなくなります。

　この間，教師は何をするのでしょうか。

> **ポイント**
> ・教師も一緒に書く。書いている姿を見せる。
> ・机間巡視して，姿勢と筆の持ち方のおかしいところを指摘する。
> ・書けていそうな生徒の作品を捲って，お手本と比べさせる。

　このぐらいです。私が使っていた『書法初歩』のお手本であれば，1時間に20文字を書くのがやっとだと思います。それ以上書けるのは早く書きすぎで，同じように書けているはずがありません。そして残りを宿題にします。早く書くことが目的ではありません。きちんと書き写すことが目的です。じっくりと筆先や腕の動きを確認させながら，書かせることです。

4　臨書させる

　臨書とはお手本を見て書く書き方です。通常の書写の時間でやるやり方です。しかし，これもただ単に見てやるのでは上達しにくいものです。ここでは，九宮格(きゅうきゅうかく)という勉強方法を紹介します。

> **やり方**
> ① お手本の文字に，縦2本，横2本の線を引き，九つの升ができるようにする。
> ② 下敷きにも同じように縦2本，横2本の線を引く。
> ③ 引いた線と，お手本の文字の位置関係を理解し，下敷きの線をガイドに半紙にお手本を見て書く。

「なんだ，もうやっている」と思われるかもしれませんが，よく読んでみてください。通常は①をしていないと思います。お手本そのものに線を引きます。これが大事です。お手本に罫線があることで，字のバランスを確認しやすくなります。

　『書法初歩』のお手本には，線を引くためのガイドがあります。ぜひ，九宮格を活用して臨書指導をしてください。

5　書道大会をする

　年に一度，書写ではなく書道をさせるのも面白いものです。正月の席書大会を書道大会にしてしまうのはどうでしょうか？　体育館で書きます。紙のサイズは，全紙サイズ。お習字で使う紙の中で一番大きなサイズです。畳一枚分ぐらいあります。ここに自分の好きな言葉を書く。思いきり書く。ただし，配られる紙は一枚限り。間違いなしの一発勝負です。

（1）「生徒の用意」

① 　自分の好きな言葉を用意させておく。好きな歌の歌詞でも小説のワンフレーズでもよい。
② 　太い筆を用意させる。
③ 　新聞紙を用意させる。
④ 　ぞうきん，バケツなどは国語係が用意する。

(2)「教師の用意」

① 全紙（全版）サイズの紙を買う。ネットで買えば，一枚あたり100円程度で買えます。
② 雲華紙（うんがし）を買う。良い作品をこれに貼って掲示するため。
③ ハサミ，糊を用意する。

(3) 大会実施の手順

① 2時間連続で行う。
② 1時間目に書かせる。
③ 2時間目に，作品を乾燥させながら，お互いの作品を鑑賞する。
④ 教師も鑑賞しつつ，評価をする。優秀作品を決める。
⑤ 優秀作品を選び，雲華紙に貼らせる。

　良い作品は廊下にだあああああっと貼り出すと迫力があっていいものです。
　また，3年生の席書大会では
「良い作品は，卒業式の会場に貼り出します」
と事前に知らせておきます。すると，生徒はそれらしい章句を選んできます。
　年に1回の書道大会。なかなかいいものです。

【注】
＊1　私は書写の時間をきちんとやっていたのですが，「他の学校は文法をやっているのに，なぜなんだ！」と保護者から言われたことがあります。ちゃんとやっている方が文句を言われるという不思議な経験をしました。
＊2　摸書は，正確には手編がなく，大の下に手が入る字です。
＊3　籠字といって字の輪郭を細く書き写して，その後にそこを墨でうずめる双鉤塡墨という方法でやると，もっと繊細に筆先をトレーニングすることができます。

2 私のオススメ「ディベート」指導

　現在，ディベート指導は，私が指導を始めた1990年初めの頃に比べて，比較にならないほど多くの教材があります。私が始めた頃は，教育書のコーナーにディベートの本は一冊もありませんでした。
　本でもネットの動画でもディベートの教材はたくさん手に入れることができます。いい時代になったものです。
　ですが，爆発的に授業に導入されているという実感はありません。なぜなのでしょうか。私はこの理由に，ディベートにある誤解と，ディベートの指導がパラダイムの転換した指導を求めていることを，改良シナリオ方式のディベートを通して指摘してみたいと思います。

1 ディベートにある誤解

　大きく二つあります。
　一つ目は，ディベートの定義についてです。ディベートとは，ジャッジを説得する討論ゲームです。ジャッジを説得するということがポイントです。
　ところが，ここはかなり誤解されています。相手を打ちのめすのがディベートだと。肯定側が否定側をやっつけるとか，否定側が肯定側をやっつけるというイメージがあります。違います。相手の議論と自分の議論を比較して，自分たちが優れていることをジャッジに伝えるコミュニケーションの形態がディベートなのです。
　二つ目は，学習のボリュームについてです。ディベートは，読む・聞く・書く・話す・調べると，多くの学習内容を含んでいます。イメージとしては試合がディベートの中心になると思われますが，実際は準備がポイントになります。準備7割，試合2割，試合後のまとめが1割ぐらいの割合です。

ですから，準備がしっかりできていないと，試合になりません。ここを指導者が理解せずに，論題だけを与えて
「さ，肯定側と否定側に分かれて試合をしよう」
と言ったところで，試合になるわけがありません。私が指導しても無理です。しかし，その結果をみて
「ディベートはダメだ」
と判断する先生が多いのではないかと思うのです。
　初心者にいきなり全部を準備させるということは大変です。そこで，開発したのが「シナリオ方式のディベート」というものです。これを簡単に説明してみましょう。

2　シナリオ方式のディベート

シナリオ方式のディベートでは，教師は以下のものを用意します。

> **ポイント**
> ● ディベートのシナリオ
> ● フローシート
> ● ジャッジのコメントのシナリオ
> ● 教師が試合を進めるためのシナリオ

　これらは拙著『中等教育におけるディベートの研究～入門期の安定した指導法の開発～』（大学図書出版）にすべて載っています。そのままコピーして使えます。あとはキッチンタイマーだけ用意すればできます。
　このシナリオ方式のディベートは，生徒が準備をする部分がほぼありません。あらかじめ用意されている，立論，質疑，反駁までのシナリオを一言一句変えることなく読みつつ，フローシートにメモを取り試合を進めます。その後，ジャッジが勝敗を決します。3人一組で会場を作り，肯定側，否定側，ジャッジのそれぞれの立場を順番に回します。そうすることで，それぞ

れの立場のスピーチとディベートの構造をざっくりと理解することができます。

ディベートは，実技です。

実技の授業は最初の説明をできる限り少なくし，すぐに実技に持ち込む授業の展開が大事です。やりながら力をつけさせていきます。立論の構造，質疑の種類，反駁の四拍子など試合をする前に教えたくなるのが教師ですが，それらには触れずに試合をさせます。試合の中で立論の構造，質疑の種類，反駁の四拍子を体験させています。

3 指導のパラダイムの転換が求められる

この「シナリオ方式のディベート」が一通り終わったら，「改良シナリオ方式のディベート」を行います。生徒はあらかじめ誰かが作ったシナリオで試合を行った後，その誰かの作ったシナリオの所為で「負け」になる者が出てきます。ここがポイントです。

「誰かが作ったシナリオで負けになるってのは，どうも納得いかないでしょ。そして，このシナリオはそんなに強くない。ということで，次はこのシナリオを改良して試合を行います。変えていい場所は，３カ所です。①証拠資料，②説明の仕方，③メリットとデメリットのラベルです。

①の改良は優しいですが，②，③と難しくなります。はじめは①だけやりましょう。

ちなみに，変えてはいけないものは，定義とプランと持ち時間です。ここを変えずに，残りを変えて改良してください」

スモールステップで，生徒が準備するものを増やしていきます。少しずつ学習課題を増やしていきます。

この改良シナリオ方式のディベートは，今まで行われてきた教材の与え方とは，別のパラダイムで行われていることに気がつかれたでしょうか？　書写のお手本，作文の見本，スピーチのビデオなど教材を生徒に与えるときは，「良いもの」を見せるのが普通です。良いものを見てそれを真似させるわけ

です。
　ところが，この改良シナリオ方式のディベートでは，最初に与えられたディベートのシナリオは，そんなに良くないのです。使われている証拠資料等はとても古く，論証の精度もそんなに高いものではありません。自分で改良することで良くなるという教材です。一種の間違い探しと考えてもいいかもしれません。
　正解の教材を与えて「この通りにやれ」というのは，ディベートを通して生徒に身に付けさせたい，コミュニケーションの力，批判的な思考力，論理的思考を育てる方法としては適切ではないように思います。先生が与えたものが完全ではない。そこにその生徒自身が関わることでより良いものにしていく。これが大切だと私は考えています。
　大きな正解の物語があったモダン。それが失われたポストモダン。子どもたちはポストモダンを生きていきます。いい大学に入り，いい会社に入れば，いい人生があるというモダンの大きな物語は失われました。現実の社会に対面し，どうしていけばいいのかを考えながら生きていくことを余儀なくされます。
　モダンの時代のものづくりは，ハードが中心でした。ですから，究極の完成品を商品にしていました。しかし，ポストモダンの時代のものづくりは，ソフトがポイントになります。ワープロがコンピュータに載ったとき，"バァージョンアップ"という概念を知って私はとても驚きました。
　「ま，とりあえず，今はこれが最高だけど，これからどんどん改良して良くなりますからね。そのときは，よろしくね」
という考え方で製品を売り出すということになったのだと思いました。
　「正解はこちらの方向にありそうだ。そしてその方向を目指して，正解と思われるものの質を，批判的に検証しながら高めていこう」
　これを，生徒が自分で，仲間と一緒にできる力を育てること。改良シナリオ方式のディベートが育てたいと考えているのは，そんな力を持つ生徒たちです。

少しずつ「補助輪」を外していくのです。最初は補助輪がなければ乗れないのが自転車ですが，自転車が乗れるようになったら補助輪は邪魔です。補助輪が邪魔になるまでスモールステップで力を伸ばし，邪魔になったら外すのです[*1]。スモールステップで改良を続けられる生徒は，やがて論題だけを与えても，自分でオリジナルの立論，質疑，反駁を考えられるようになります。

　ディベートで鍛えられる力は，何が正しいのか，どうしていけばいいのかを考えながら生きていくことを私たちの世代以上に求められている彼らには，とても大切な力だと考えています。

【注】
*1　池田修『新版　教師になるということ』学陽書房，2013

3 私のオススメ「漢字」指導

1 漢字の特質

　中学校を卒業するまでに生徒が覚える漢字の数は、どのぐらいでしょうか。平成20年度版学習指導要領によれば、改訂常用漢字2136字は「大体を読むこと」、小学校で学ぶ学年別漢字配当表にある1006字の漢字について「文や文章の中で使い慣れること」とあります[*1]。これに、人名漢字843字も読めたほうがいいというぐらいでしょうか。小学校で1006字覚えてきている子どもたちからすれば、そんなに大きな数ではないかもしれません。しかし、すべてを習得して中学校に上がってきている生徒はそんなに多いとは思えません。また、数が少ないからといって、漢字は音読み、訓読み、熟字訓と読み方が多岐にわたっています。なかなか大変なわけです。

　それから意外と意識されていないことがあります。それは、漢字は表意文字であるということです。世界の文字を見たときに表意文字と表音文字を同時に使っている言語は、日本語の他にはないのではないかと思うのです。私たちにとっては当たり前のことなのですが、アルファベット26文字×2と数字10種類と記号で成立している英語と比べると、日本語の文字の習得は、実は極めて難しいことをしていることが分かると思います。日本語と英語の違いを考えさせるために、こんなワークシートを使っていました（次ページ）。

　この事実を理解させた上で、そこから発生するメリットとデメリットを生徒に伝える授業をしていました。

第4章　スペシャリスト直伝！　私のオススメ国語科授業モデル

This is a pen.

日本語と英語の違いを考えてみよう。
「こんな小さな違いはダメだな」なんて思わずに、１０個の違いを目標に書き出してみよう。

比較する文

> This is a pen.
> これはペンです。

【例】日本語は、文の終わりが「。」だが、英語は、文の終わりが「.」である。

番号	日本語と英語の違い		達人度
1	日本語は、	英語は、	入門
2	日本語は、	英語は、	楽屋掃除
3	日本語は、	英語は、	お茶出し
4	日本語は、	英語は、	前座見習
5	日本語は、	英語は、	前座
6	日本語は、	英語は、	二つ目
7	日本語は、	英語は、	真打ち
8	日本語は、	英語は、	師匠
9	日本語は、	英語は、	名人
10	日本語は、	英語は、	達人

【　】組【　】番　氏名【　　　　　　　】

◆中学三年生ぐらいになると、日本語にはあるが、英語にはない形容動詞が、どちらも比較して日本語を説明できることが増える。日本語には人称代名詞の種類が多めにあるが、英語には少ない。次に日本語と英語そのもので比較するには、日本語には大文字はないが、英語にはあとある。日本語には前置詞という道具とは同じという分からせたい。はじめは、例の文で比較をし、面白い言語の違いがありながら、思考の道具としては同じというこが分からせたい。

生徒たちには漢字のことを「テレビの文字」、ひらがなやローマ字のことを「ラジオの文字」と言っていました。つまり、漢字は、画像情報なので含まれている情報量が多く、ひらがなやローマ字は最後まで読まないと分からない音声情報に似ているということです。

> 👨:「高速道路を走っていて、次はどこかな？と思って看板見たことあるでしょ？」
> 👧:「はい」
> 👨:「君は、何を読んでいる？」
> 👧:「？」
> 👨:「ローマ字のところを読んでいる？」
> 👧:「いいえ。漢字です」
> 👨:「そうだよね。"kyoutohigasi"とは読まないで、"京都東"と読むよね。このように漢字は情報量が多くて意味を持っているのですよ。だから、一瞬で意味が伝わるという特徴があります」
> 👧:「へー」
> 👧:「だから」
> 👧:「だから？」
> 👧:「覚えるのは大変なんです」
> 👧:「はああ」
> 👨:「ま、頑張れ (^^)」

時間をかけて学ぶことになりますが、身に付けると相当凄い力を持つのが漢字ということです。

2 なぜ10回書くのだろうか？～漢字の基礎体力を測ろう～

漢字指導は、大きく三つの部分から成り立つと考えています。

> **ポイント**
> ① 漢字の意味（読み方，内容，由来など）
> ② その漢字の使い方（同音異義語，同訓意義語，慣用句など）
> ③ その漢字の覚え方

この①～③を指導するわけですが，③に関しては
「覚えろ」
「書け」
「ここ，試験範囲ね」
で済ませている先生は多くありませんか？ 実は私も教師になった頃はそうしていました。勉強はできるできないではなく，やったかやらなかったかであると思い，特に漢字はやればできる部分だと思っていました。ですから，やり方までは指示や指導はしないでいました。さらに，①や②に関しては時間がないこともあって，特徴的な漢字や間違いやすい漢字については教えますが，そんなに丁寧に教えることができないままでやることもありました。

ところで，先生方は
「この漢字を10回ずつ書くのが宿題」
のように指示を出していませんか？ 私は自分が小中学生の頃にこのような指示を出されて，極めて不思議に思っていました。

（10回の根拠は何だろう？）と。覚えるのが目的なのに，なんで10回なんだろうと思っていました。10回書けば覚えるのでしょうか？

実は私は中学生の頃，何回書いたら忘れなくなるのかを自分で実験していました。中学校2年生のときに調子に乗って『漢字に強くなる本』（學燈社）という大学受験用の問題集を買ってきて実験していました。その結果，中学生の頃は，知らない漢字でも13回書くと「忘れられなく」なるということが分かりました。

これは，私の漢字を覚えるための閾値が13回書くところにあったと，

今は思うのです。この閾値は子どもたちによって違うはずです。私は，大学受験のときはこの閾値が5回になり，教員採用試験の頃は，見れば漢字は覚えられるようになっていました。ですから，生徒一人一人が閾値は違っていると思います。

　「先生，漢字は何回書いたらいいんですか？」
と生徒が質問してくるたびに私は，
　「覚えるまで」
と答えて，上記の閾値の話をしていました。
　「だから人によって違うんだよ。5回で覚える人は，10回やる必要はないし，20回で覚える人は10回では足りないんだよ」
と。すると，
　「どうせ，俺は馬鹿だから20回書かなければ駄目なんだよね」
という生徒が出てきます。私は
　「そうだよ。馬鹿は20回書かなければならないんだよ」
と答えていました。
　「先生，酷い」
と言われるのですが，
　「私だって13回は書いていたのだよ。それが5回に減っていったのだよ。今20回書く必要があるということは，今まで書いていなかったわけでしょ。仕方がないね。それに」
　「それに？」
　「14歳の君は20回で覚えるかもしれないが，30歳の君は，まあ，20回じゃあ覚えないね。つまり，今が君の人生では一番記憶力がいい頃なんだよ。考えてみなさい，100m走を今全速力で走るのと，30歳のときに全速力で走るのと，どっちのほうが早いと思う？」
　「今」
　「でしょ？　周りの人と比べても仕方がない。親を恨んでも仕方がない。今やるしかないのだよ。そして，それを続ければ覚えるために必要な回数は

少なくなっていくのだから」
ということで，やり方までは指示や指導はしないでいました。とにかく自分に合った回数で覚えなさいということでした。

　今でもこの部分はそんなに間違ってはいないと思います。これを私は「漢字学習の基礎体力」と考えています。毎年1回，4月に測ればいいのだと思います。

　「私は○○回書いたら漢字は忘れない」
と思える安心感は大事だと思うからです。

3　漢字なんてつまんない

　ところが，転勤して私はN君に出会うのです。
　彼は，自分の名前以外の漢字がほとんど書けないまま中学生になったのです。詳しい指導の経過は，拙著『新版　教師になるということ』（学陽書房）にあるので読んでいただくことにして，ここではなぜその指導の考え方を持つようになったのかを中心に記して，具体的なものを簡単に示しましょう。

　「はじめに」で，勉強ができない子どもは，つまんない，分かんない，できないと言うということを私は書きました。漢字なんてつまんない，意味ねーというわけです。これはなかなか奥の深い言葉です。生徒の言う「授業がつまんない」と「授業が分からない，できない」を比べると，大きな違いがあります。

　前者は，先生の所為にすることができます。先生の授業のやり方・内容がつまらないと言えるのです。これに対して，後者は自分の責任になります。だから，勉強のできない子どもたちは，おそらく本能的に「分からない，できない」という言葉を避けて，「つまんねー」と先生に責任を押し付ける言い方をするのではないかと思うのです。

　確かにつまらない授業もありますが，よーく聞いてみると生徒たちの「分かりたい，できるようになりたい」という声が「つまらない」に隠れていることがあります。ま，子どものことです。許してやりましょう。つまんない

を引き受けて,
「だったら,面白い授業なら受けるね？」
と約束させるぐらいでいいと思うのです。
「つまんない,意味ねー」という言葉は奥が深いのでもう一つ突っ込んだ解釈をしておきます。こういう生徒はまさに「つまらなくて,意味がないから」勉強しないと言っているのです。で,場合によっては「これは面白くて意味がある」とうっかり思ってしまったこともあるのではないかと思うのです。
ところが,思ったところで漢字が読めない,書けない,意味が分からないとなってしまう。そして成績は悪い。だから,うっかり面白い,意味があると言ってしまうと,逃げ道を自分で塞いでしまうので,それは言わないと自分を閉ざしている可能性もあると思うのです。
そんなことを思いながら,私は気合いが入るわけです。
「じゃあ,読めなくても,書けなくても,意味が分からなくても,面白い漢字の授業をすればいいんだろ？」
と考えて探し当てたのが「漢字ウォーリーを探せ」(近藤十志夫著『漢字あそびファックス資料集　小学校5・6年生』民衆社)でした。これなら,日本語を全く知らない外国人でも漢字を使って遊ぶことができます。このアイディアをもとにプリントを作りました[*2]（次ページ）。これでN君の漢字アレルギーを弱めました。

次にやったのは,分かるようにすること。小学校で習う1006字をすべてやるのは無理なので,100字に絞りました。絞ってある教材を見つけたのです。『漢字はみんな,カルタで学べる―親と子の漢字学習地図』(伊東信夫・宮下久夫著,太郎次郎社)です。白川静先生の研究をもとに作られたこの漢字のカルタは,とても覚えやすい。これをもとにプリントを作って一回の授業で5問程度をやり続けました。「漢字のルーツクイズ」です（p.96）。これで分かるようになるわけです。

第4章 スペシャリスト直伝！ 私のオススメ国語科授業モデル

実施日　　年　月　日（　）

漢字ウォーリーを捜せ

漢字のブロックの中には、一見似ているけど、違う漢字が二つずつ入っています。制限時間は5分です。さあ、捜してください。できたら、手を挙げてください。

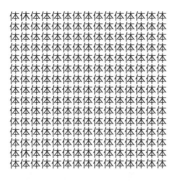
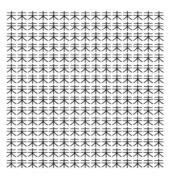
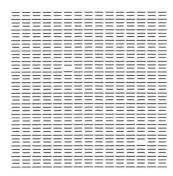

年　　組　　番　氏名

番号	6	7	8	9	10		番号	1	2	3	4	5
昔の字							昔の字					
今の字							今の字					
読み方							読み方					
意味							意味					

番号	16	17	18	19	20		番号	11	12	13	14	15
昔の字							昔の字					
今の字							今の字					
読み方							読み方					
意味							意味					

漢字ルーツクイズ

第4章　スペシャリスト直伝！　私のオススメ国語科授業モデル

　私は,「勉強はやればできる」という考え方は実は今でも変わっていません。しかし,やりたくてもやれる環境にないとか,それまでの勉強が圧倒的に遅れているという生徒に対しては,この考えだけでは駄目で,やり方までは指示や指導も必要なのだと今は考えています。
　ちなみにN君はここまでで卒業しました。今では電気技師の国家資格も取って,社会人として働いています。

　ですが,私にはまだ課題がありました。「できないが,できるようになった！」という部分に挑戦したかったのです。つまり,簡単に覚えてしまう方法は何かないか？ということです。
　私がその後出合ったのは『世界最速「超」記憶法』（津川博義著,講談社α新書）です。ここにある「薔薇」の書き方を一瞬で覚えるという方法を中学生に試してみたら本当に覚えてしまい,これで指導したことがありました。
　生徒たちは簡単に書けた漢字を見て,
「気持ち悪い！」
「なんで,もっと早く教えてくれなかったの？」
「これなら漢字検定を3級じゃなくて,2級にしておけばよかった」
などと言っていました。
　(そんなに簡単に優れた指導方法なんて見つからないんだぞ)と心の中で思う私でした。

　私が現場を離れてからも,漢字指導で参考にする本は続々出版されています。
・『口で言えれば漢字は書ける！盲学校から発信した漢字学習法』（道村静江著,小学館）
・『書けない漢字が書ける本―語呂合わせで覚える超難書漢字』（根本浩著,角川SSC新書）
・『白川静さんに学ぶ　漢字は楽しい』『白川静さんに学ぶ　漢字は怖い』

（小山鉄郎著，白川静監修，共同通信社）
などの本です。
　これは「黙読では理解しにくい生徒」，「シンプルな説明では覚えにくい生徒」「意味が分からないと覚えにくい生徒」と，漢字に対するさまざまなつまずきのポイントについて，多くのヒントを与えてくれるでしょう。すなわち，「音読で覚えやすくなる」「語呂合わせで覚えやすくなる」「意味のつながりで覚えやすくなる」などです。

　最後に，漢字指導のときにあるといい辞書を挙げておきます。『字統』ぐらいは，各教室に１冊あってもいいかなと思います。辞書の紹介をすると生徒たちは，自分の名前に使われている漢字を調べて楽しむと思います。
・『字統』（白川静著，平凡社）
・『常用字解』（白川静著，平凡社）
・『大漢和辞典』（諸橋轍次著，大修館書店）
・『クイズ　にほん語の大冒険』（池田修監修，教育画劇）
・『角川書道字典』（伏見冲敬編，角川書店）

【注】
＊１　中学校学習指導要領国語のＣ 読むこと「伝統的な言語文化と国語の特質に関する事項」
　　　第３学年　ウ 漢字に関する事項
　　　（ア）第２学年までに学習した常用漢字に加え，その他の常用漢字の大体を読むこと。
　　　（イ）学年別漢字配当表に示されている漢字について，文や文章の中で使い慣れること。
＊２　近藤本では「探せ」になっているが，ゲームの内容から考えて私のプリントでは「捜せ」にしてある。

④ 私のオススメ「作文」指導

　文章を書かせるための指導は，なかなか難しいものです。文章を書くということは考えることであり，そのためには多くの知識，技術が必要になるからです。知識，技術の不十分な中学生がそれを駆使して文章を書くというのは難しいことだと言えるでしょう。しかし，だからといって
　「じゃあ，書いてね。好きなように，自由に書いてね」
のような「指導」をするのはまずい。これは書ける生徒に対しては問題ありませんが，書けない生徒にはなんのアドヴァイスにもなっていません。泳げない生徒を泳げるようにするのが指導であり，解けない問題を解けるようにするのが指導であるならば，書けない文章を書けるようにするのが指導であるはずだからです。

　作文では，人に伝える文章を書かせます[*1]。人に伝えるための文章は，感想文，報告文，論文の三つがあります。ここでは，その中でも書くことがよく求められる，行事後の感想文についてその書かせ方を述べましょう。なおこれは，NHK教育テレビ「わくわく授業」で放映された私の授業をベースにしています。

１　ポイントは，準備と鑑賞にあり

　「さあ，運動会の作文を書いてね」
と月曜日の１時間目，道徳の時間に作文を書かせることが今でも多いのではないでしょうか。書ける生徒は何事もなく書き進め，書けない生徒は全く書けない。そして，書けなかった生徒には
　「じゃあ，水曜日までに仕上げて提出のこと」
などという「宿題」が与えられます。これはまったくもって理不尽なことだ

なあと思うのです。

　どうやって書いたらいいのか分からないから時間内に仕上がらなかったのです。自分の力ではできないから書けなかったのです。その生徒に対して「じゃあ，水曜日までに『自分でなんとか』仕上げて提出のこと」と言っているわけです。こういう宿題は，宿題としていかがなものかと思います。自分でできるようにしておいて，時間がないから宿題。または，繰り返しが必要だから宿題なら分かりますが，できないまま宿題というのは，おかしいと思うのです。

　話がズレました。戻しましょう。要は，1人で書けるようにすることが大事なのです。その際のポイントの一つ目は，準備です。書くための準備が整っていなければ書けません。何を書くのか。どの順番で書くのか。書き始めはどうするのか。この三つが決まっていれば書けます。

　いや，嘘を言いました。もう一つ，この三つを支える大事なものがあります。それは，「誰に向かって書くのか」を決めさせることです。

　生徒たちに，以下の質問をすると同じ答えが返ってきます。
　「この運動会の作文は，誰に向かって書いてきましたか？」
このときの答えは，次の二つが多いです。それは，

---

① 特に決めていない。　② なんとなく，先生。

です。そして，圧倒的に②が多いのです。読み手を想定しないまま書かせると文章が焦点化せずに散漫になることが多いです。また，教師を読者に想定すると，「こんなこと書いたら怒られるかなあ」のような思考が働き，いわゆる道徳的ないい子ちゃんの文章になりがちです。ここに指示を入れます。これでかなり変わります。

　読者は，このクラスのメンバーです。このクラスのメンバーが笑えたり，感動したりする文章を書きましょう。

第4章　スペシャリスト直伝！　私のオススメ国語科授業モデル

　なお，この準備の段階で，何を書いたらいいのかが分からない生徒たちには，「イメージの花火」を使わせるといいです。頭の中にある記憶が外に出

イメージの花火

1　下には九升の方眼が九つあります。
2　中心の方眼のまん中にテーマを書きます。
3　そこに関連した言葉を周りの八つの升に書きます。
4　その八つの言葉を周りの方眼のまん中に移します。
5　その言葉に関連したものをさらに八つ書きます。
6　アイディアに詰まったら、他の升に飛びます。
7　6分の制限時間でいくつ書けるか競います。

【　　】組【　　】番　氏名【　　　　　　　　　　　】

・「イメージの花火」は、今泉浩晃氏の開発された「マンダラート」http://www.mandal-art.com/の哲学を、今泉氏の許可を得て、池田修が作文指導のアイディア出しツールとしてゲーム化したものです。

てくるので整理しやすくなります。その際，何を使って書くのかは，「自分が書きたいもの」ではなくて「読者が読みたいもの」を書くように指導するといいです。また，書き始めは会話文や心内文から書き始めるといいです。いきなりクライマックスから始まることになるので，読み手が読んでいて続きを読みたくなるし，書き手もその会話文，心内文の描写をすることになるので，後が書きやすくなります。

　ポイントの二つ目は，鑑賞です。作文は書かせたら先生が読んでおしまい。または，年に1回くらいは文集にしておしまいということが多くないでしょうか。これは非常にもったいないです。私は「書き込み回覧作文」という方法を使って相互鑑賞の時間を作っていました。

やり方

① 作品が一筆書きで回覧できる位置に座る。
② タイマーの音に合わせて回覧する。1作品1分程度。
③ 作品が来たら，読みながら短くコメントする。最初は肯定的なコメント，共感的なコメントを主とする。
　　なるほど。→　なる or んだ
　　面白いなあ　→　w or ワラ
　　ちょっと分からないな　→　なに？
　　悲しいなあ　→　泣
④ コメントは，本文のコメントしたい箇所のすぐ近くに行う。
⑤ コメントの下に，自分の名前を書く。
⑥ 1周するまで続ける。
⑦ 返ってきたら，コメントを読む時間をとる。

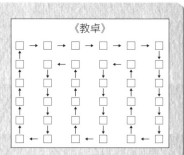

1周して返ってきた作文は、コメントで満たされていて生徒たちはとても嬉しそうな表情をします。準備の段階で「読者は、このクラスのメンバーです。このクラスのメンバーが笑えたり、感動したりする文章を書きましょう」と指示を出してあります。返ってきた作文の、書き手が意識した笑いや感動の場所に、それが届いたことを表す「ワラ」や「んだ」があると、とても嬉しいわけです。運動会で負けたとしても、この「書き込み回覧作文」をすることで「どんまい！」のような言葉が作文上に飛び交い、クラスがしっとりと良い感じになることが何回もありました。

　また、教師はこの回覧のときに、一緒に中に入って読むことをお勧めします。読みながら評価も終わってしまいます。まさに、指導と評価の一体化です。さらに、作文の作品を忘れた生徒には名前を書いた白紙の紙を回覧させ、仲間からのメッセージをもらいます。面白いことに、次回からは二度と忘れなくなります。自分の作文に仲間からコメントをもらう機会が減ることがもったいないと強く思うようです。

2　作文は、料理に似ている

　もう一つ指導すべきことがあるとすれば、どの順番で書き進めれば良いのかを教えることです。私は、そのメタファーとして「作文は、料理に似ている」ということで指導していました。カレーライスを作ることと運動会の後の作文を書くこと、そしてその順番は、実はとてもよく似ていると思うのです。細かい説明は省きますが、次ページに順番を表にしたものを載せますので確認していただければと思います。

【注】
＊1　ここでは、創作の文章は扱っていません。

作文は料理に似ている？
対応表プリント

番号	項目	課題	料理では	作文では
1	前提	目的	美味しくてお腹一杯になるカレーを作る	面白くて読みやすい作文を書く
2	準備	テーマを決める	カレーを作ってくれと頼まれた	体育大会の作文を書くことが課題に出た
3	準備	材料を確認する	冷蔵庫の中を見る	『イメージの花火』
4	準備	不足材料を足す	買い物に行く	友だちへの確認
5	準備	下準備を行う1　素材	使える材料・使う材料を吟味する	書きたい材料・読者が読みたい材料を吟味する
6	準備	下準備を行う2　順番	調理する順番に並べる	資料のチェックと構成の確認
7	準備	下準備を行う3　構想	内容と分量とインパクトを考える	仮のタイトル、1-8-1、3枚、書き出しの吟味・「　」や（　）から
8	制作	作り始める	時間の掛かるものから始める	書きやすいものから小見出しを入れる
9	制作	途中で確認する	味見をする	推敲する
10	制作	タイトルを付ける	食欲をそそるタイトルにする	ちょっと読んだだけでは分からず、読みたくなるタイトル・副題を付ける
11	制作	見栄えを整える	盛りつけ	誤字・脱字のチェック　声を出して読み返す　異性になる
12	鑑賞	味わってもらう	食べてもらう	読んでもらう
13	評価	感想を貰う	美味しかったよ	『書き込み回覧作文』

5 私のオススメ「古典」指導

1 なぜ古典を学ぶのか

　古典の指導は，簡単であるとも言えますし，難しいとも言えます。
　簡単という観点で言えば，新しい古典の文章はもう生まれないし，中学生に教える古典は限られているので教えやすいし学びやすいと言えるわけです。『枕草子』『方丈記』『奥の細道』などの冒頭文を暗記させることは，中学生にはさほど難しくはありません。暗記させてしまい，自信を持たせるという指導はあると思います。
　では，何が難しいのでしょうか。それは
「こんな昔のことを勉強して何か意味があるの？」
という生徒の問いにどう答えるかです。
「そりゃあ，入試に出るからだよ」
と答えれば良いのかもしれませんが，高校入試の古文では現代文との融合問題であったり，高校によっては出題しないところもあります。根本的な答えにはなっていないでしょう。ここを納得させるのが難しいのではないかと思うのです。これについては，古典の導入時に丁寧に説明しておくようにしていました。

> ：「なんで古典を勉強する必要があると思う？」
> ：「ないと思う」
> ：「ははは。実は先生も中学生のときには同じようなことを思っていたんだな。いや，本格的に古典っていいなあと思ったのは20歳を超えてからだったな」

😊:「え？」
🧑:「君は，桜の花は美しいと思うかい？　紅葉は奇麗だと思うかい？」
😊:「は，まあ」
🧑:「であれば，君は当時の私よりも優れているよ」
😊:「先生は思わなかったのですか？」
🧑:「うむ，思わなかった。桜は，毎年咲くじゃないか。紅葉は，ただ枯れているだけじゃないかと思っていた」
😊:「へー」
🧑:「ところが，20歳のときに中学生のときの同級生が亡くなったんだ。そのときに，急に美しく見えるようになったんだ」
😊:「え？　よく分かりません」
🧑:「自分でも驚いたのだが，美しく見えるようになったんだよ。なんでかと考えたんだが，その理由は『命の有限性』をはっきりと自覚したからだと思ったんだな」
😊:「？」
🧑:「君は，あと何回桜が咲く瞬間に立ち会えると思う。春を迎えられると思う？　そんなこと考えたことはないでしょ。でもね，人は死ぬんだなあと実感したとき，私には桜や紅葉がとても切なく美しくなったんだよ」
😊:「命に終わりがあるなんて当たり前ではないですか？」
🧑:「そう，当たり前だ。だけど，理解と納得は違ってね，ああ，そうかというように人が死ぬということを受け止めたんだな。そうしたら，美しくなった。この中にはもう既に，そんな体験をしている人もいるかもしれないが，私は20歳だったのだよ。そして，そのときまでに学習していた短歌がまた別物として見えてきたんだよ。たとえば，

世の中に絶えて桜なかりせば　春の心はのどけからまし(在原業平)
久方の光のどけき春の日に　しづこころなく花の散るらむ(紀友則)

の歌の意味がぐっと迫ってくるようになったんだなあ」

「私はね，(んな，電話もない，テレビもない，車もない。そんな大昔のことを勉強して何か意味があるの？）と思っていたんだと思う。だけど，大きな間違いをしていたのに気がついたんだな。それは，文明と文化の違いだ。違いは分かるか？」

😊：「文明は発明したもので，文化は歴史の中で変わらない感じがします」

😊：「そう，そういう感覚があればいい。私が昔を馬鹿にしていたのは文明だけのところなのだよ。ところがね，文化というのは実は500年も，1000年も，1500年も前から変わらない。人間の本質は変わらないということに気がついたんだな」

😊：「例えば？」

😊：「生老病死という言い方がある。仏教の考え方で人間が生まれてきた以上，必ず持っている四つの苦しみのことだ。四苦八苦っていうでしょ，その四苦はこの生老病死のことをいうのですよ。これは今の人間でも1000年前の人間でも同じなわけですよ。もちろん，人を好きになる，美しい景色を見る，美味しいものを食べる，子どもの成長を喜ぶなんてのも同じ。人の根っこの部分は変わらないということを20歳のときに，分かったんだな。それから古典が身近になってきたんだな」

😊：「へー」

😊：「で，まあここで古典を教える側からすると，君たちに理解させたいことがある。それは，『実は古典は，中学生には理解はできても納得できるものではない』ということなのだよ」

😊：「え，そんなことを先生が言ってしまっていいのですか？」

😊：「いいのです。これは真実です。人生経験が伴わないと理解はできても納得はできないのです。ですが理解していないと，やがて将来君たちが人生の途中で出合う様々な喜びや悲しみを彩ったり慰めてくれたりする作品が手に入っていないことになります。ここは義務

教育です。君たちの人生の10年後，30年後，50年後にも必要なものを教える場なのです。そんなに先のことを君たちが，いま納得できるわけがありません」
「例えば，
花の色は 移りにけりな いたづらに 我身世にふる ながめせしまに
（小野小町）
は，少し勉強すれば，美しかった女性があっという間に衰えてしまったということを嘆いている歌だということは理解できますが，これを中学生が実感を持って理解する，つまり納得して読めるというのは無理でしょう。30歳を過ぎて目尻に小じわが出てくる辺りで，やっと納得するわけです。そして，（私だけじゃないんだ。平安時代からそうなんだ。美人と言われていた小野小町だからその衰えたときのショックは，相当だったんだろうなあ）と思うはずです。

　間違えないでほしいのは，理解はしておくということです。君たちの身体に入れておかなければ，将来，納得の快感は得られません。

　そう考えてくると，実は古典というのは『未来からの贈り物』と言えるのではないかと思うのです。1000年も前に生きていた人が，なんで未来なのだろうかと思うかもしれませんが，分かってくれるのではないかと思います。人を愛することってこういうことだよ，結婚する喜びってこういうことだよ，親と別れる悲しみってのはこういうことだよと過去の人が，君の未来に対して語りかけてくれているのです。だから，未来からの贈り物，手紙と考えていいのではないかと思うのです。そういう良い手紙をたくさん受け取っておいたほうが，君の人生は豊かになると私は思っています。古典を学ぶ意味はここにあると私は考えています」

　この後，未来からの贈り物をどんどん生徒に与えていくことになります。

2 指導をする上で考える三つの観点

古典を指導するときに考えておくことが大切な三つの観点について説明します。私は次の三つを大事にして授業をしていました。

ポイント
① たくさんのことばの宝を身体に埋め込む
② 古典は今につながっているという実感を持たせる
③ 今まで伝わってきたものをこの先に伝える

(1) たくさんのことばの宝を身体に埋め込む

生徒の人生はこれまででも十分に多岐であり、これからはさらに多岐にわたることでしょう。ですから、彼らにはたくさんのことばの宝を身体に埋め込んであげる必要があります。季節の移り変わりや行事ごとにさまざまな作品を紹介します。私はここの部分を「アンソロジーノート」で行っていました。何が生徒の心に響いて、何が残るのかというのはなかなか分かりにくいものです。良い意味での「数打ちゃ当たる」の立場でどんどん紹介して、身体に埋め込むことが大事だと考えています。

ことばの宝を身体に入れるというのは、言葉の数を多く入れるというだけではありません。古文の音の響きを体に入れるということも大事です。

(2) 古典は今につながっているという実感を持たせる

古典の内容が納得できないことは仕方がないとはいえ、興味を持たせ、理解に導く必要はあると考えています。生徒たちが古典に興味を持てないのは、古典の世界が今の生活につながっているという感覚が持てないからという部分が大きいと思います。そうであるならば、つながりを持たせればいいということになります。

どうやってつながりを持たせるか。私は地名にヒントを求めました。私が以前勤務していた東京には多摩川という川が流れています。時々アザラシが遡上して来て，「たまちゃん」とか名付けられることのあるあの多摩川です。この多摩川は，実は現存する我が国最古の歌集『万葉集』にも歌われています。約1200年前に作られた歌集に載っている歌が，生徒が通っている中学校の側に流れているわけです。これを使わない手はありません。

😊：「君たちの学校の横に流れている川は，なんと言う名前だ？」
😊：「浅川です」
😊：「その川は，どこに流れて行くか分かるか？」
😊：「多摩川に合流して，最後に東京湾に注ぎます」
😊：「その通り。その多摩川だ。この多摩川は，今から約1200年前に作られた歌集の『万葉集』というものに載っているのだよ。この『万葉集』は，現存する最古の歌集で4500首ぐらい載っているのだが，その中に一首あるのだよ。紹介してみよう。【多麻河泊尓 左良須弖豆久利 佐良左良尓 奈仁曽許能兒乃 己許太可奈之伎】」
😊：「なんだかさっぱり分かりません」
😊：「そうだろうなあ。これは万葉仮名と呼ばれる漢字で書かれたものだ。何しろ1200年前はまだひらがなが発明されていなかったから，こうやって書くしかなかったんだな。ちなみに，読み方は【多摩川(たまかは)に，さらす手作り，さらさらに，なにぞこの児の，ここだ愛(かな)しき】と読む。ジャンルは，ラブソングだ」
😊：「へー，愛の歌ですか。詳しくは？」
😊：「ま，待て待て。詳しい内容はともかく，この歌すごいと思わないか？」
😊：「内容も分からないのに，何がすごいのか分かりません」
😊：「この歌が詠まれたのは今で言うと東京都。これは分かるよね？」
😊：「はい」
😊：「では，万葉集が編纂されたのはどこでしょうか？」

110

第4章　スペシャリスト直伝！　私のオススメ国語授業モデル

- :「関西ですよね」
- :「そうだ。そうだとすれば？」
- :「もう，なんですか。はっきり教えてください」
- :「ああ，つまりだな，東京で作られたこの歌がどうやって関西まで運ばれたのかということだよ」
- :「？」
- :「この歌は，関東地方の名もなき庶民が歌った歌だ。それが，関西まで届いた。文字を書くことのない庶民の歌がだよ。これはすごいと思わないか？　今でこそ東京駅から新大阪駅まで2時間30分で到着するが，1200年前に文字もないのに伝わるというのが。あまりに良い歌だったので，口から口へと言い伝えられて届いたのだろうね。口承というのだけどね。いや，正確に言えば途中で文字を知っている人によって紙に書き記されたのだと思う。しかし，それにしても約450km離れたところを，あの時代に伝えたわけで，そしてそれが今でも残っている。私はそんなことに感動するんだけどね。そして，その歌の内容がラブソングだというのだから」
- :「へー，そう言われればそうですね。で，その内容は？」
- :「その内容だが，それはこのプリントにある」

（と言って，次の画用紙に印刷したワークシートを配る。）

- :「このワークシートは，夏休みの宿題だ」
- :「え？　説明は？」
- :「それは，自分で調べてということだ」
- :「え!?」
- :「大丈夫。夏休みは長い。宿題は，この短歌の意味を自分で調べ，その短歌の歌の場所と考える場所に行ってその場所の写真を撮ってくること。これがメインだ。そのための作業や行動の記録を残すのがこのワークシートということだ」

万葉集の風景

写　真

万葉仮名：多麻河泊尓 左良須弖豆久利 佐良左良尓 奈仁曽許能兒乃 己許太可奈之伎
よ　　み：多摩川(たまかは)に、さらす手作り、さらさらに、なにぞこの児の、ここだ愛(かな)しき

調査員氏名	１年　　組　　番　氏名　　　　　　　　　　印		
調査日時	月　日（　）	調査場所住所	
ルート （場所の上には 時間も記入する）	自宅　→　　　　　　　　　　　　　　　　　　　　　　→　現地 現地　→　　　　　　　　　　　　　　　　　　　　　　→　自宅		
費用			
この場所を 当地とした根拠			
調査後の感想			
参考文献 （最低二冊書く）			
協力者氏名			

これを中学の1年，または2年の夏休みの宿題にしていました。この歌が詠まれた場所は，東京都調布市，または狛江市とされています。ではありますが，この宿題ではその場所に行って写真を撮って来てもよし，または自分がこの歌の雰囲気に近いところはここだと決めて，その場所を撮影してもよいとしました。ただし，なぜ自分がその場所としたのかその根拠を示すことにしました。

　『万葉集』[*1]の一首について，参考文献を紐解いて調べ，保護者に車に乗せてもらって現地まで出掛ける。そんなふうにして関わっていくことで，古文の世界は今の自分の世界とつながっているのだという思いを持たせるように指導していました[*2]。

(3) 今まで伝わって来たものをこの先に伝える

　小倉百人一首は800年前に藤原定家によって成立し，カルタ取りは正月の遊びとして，また古典の学習として江戸時代の半ばには遊ばれ始め，以後300年間も続いているものです。アメリカ合衆国ができる前から，日本人は庶民の遊びや学習として，この小倉百人一首のカルタ遊びをしているということになります。私はこういうものをきちんと後世に伝えることも大事だと考えています。古典は時代のふるいにかけられて残ってきた良いものです。伝えることが大事です。

　中学生には年に6回試合をさせていました。それを「J1百人一首」[*3*4]で行っていました。簡単に言えば，

🖉 やり方

① クラスを六つの班にして一試合行う。
② 二試合目は，一試合目の成績ごとにグループを作り，行う。
③ 三試合目以降は，グループ内の下位2人と，その下のグループの上位2人が入れ替わる。

これをすることで生徒たちは力量に応じた相手と対戦できるようになります。生徒は，「ちょっと努力すれば勝てるかもしれない」と思える場合，努力をします。そんなことからカルタの力量が揃うように運営をしました。
　これを3年間やります。3年間で少しずつ課題を増やして対戦します。

・1年生時は，指導者（池田）が全ての読み札を読む。
・2年生時は，グループの中で10枚ずつ読み合う。
・3年生時は，グループの中で10枚ずつ読み合う。ただし，読み間違いはお手つきとする。

です。1年生時は，読み札の読み方がよく分からず，取り札の理解もまだまだなので，指導者がすべてを読み，読み札の音のリズムを生徒の体の中に入れ，取り札の理解もさせます。2年生時は，読みの練習を開始します。

> 😀：「君たちは，今まで遊ばせてもらう側にいた。つまり，私が全部の札を読んで君たちは取るだけ。しかし，やがて君たちが大人になって子どもたちに百人一首で遊ばせるとき，私は君たちの側にいて読むわけにはいかない。君たちが読むのだ。子どもの様子に合わせて読むスピードを加減しながら読むのだ。CD（なんて，その時に残っているかどうかは知らないが）に任せてやるのでは，ダメだ。だから，今年からは読む練習もするぞ」

と言って読み方も担当するようになります。

> 😀：「私のところまでは，300年間の歴史がつながった。さ，ここで断ち切るわけにはいかないだろう。次の世代につなげよ」

と。大人になり始めた中学生は，こういう言い方をされると燃えるようです[*4]。

第4章 スペシャリスト直伝! 私のオススメ国語授業モデル

【注】
*1 『万葉集』をポップに訳した本に『SONGS OF LIFE-Contemporary Remix "万葉集"』(光村推古書院) があります。写真と元歌と訳した内容で構成されていて,中学生に読みやすくできています。本の帯には,「『万葉集』ってクラシック (古典) じゃなくてポップスだったんだ」とあります。
*2 この宿題は,生徒たちに非常に好評で「先生,来年はどういう宿題ですか?」と聞かれたほどでした。そんなことを考えていなかったのですが,翌年は「文学作品,アニメの舞台になった場所に出掛けてみる」というようにテーマを設定したところ,「となりのトトロ」で狭山丘陵,「耳をすませば」で聖蹟桜ヶ丘に出掛けて行ってレポートをまとめる生徒が出てきました。
*3 池田修「『J1』百人一首」上條晴夫編著『授業をぐ〜んと面白くする中学国語学習ゲーム集 頭脳を活性化し授業に集中させるネタとコツ』(学事出版,2004) 参考。
*4 詳しくは,本書の126ページにあります。

6 私のオススメ「学習ゲーム」

　学習ゲームという考え方があります。簡単に言うと、「ゲームの中に学習すべき内容が盛り込まれているゲーム」ということです。
　たとえば、体育の授業でサッカーをするときのことを考えてみましょう。子どもたちは、「よし、今日は大腿二等筋を鍛えるぞ」「じゃ、オレはハムストリング筋」「僕は心肺能力を高める、だな」なんて会話をしながら体育の授業に向かうことはありません。彼らはボールを追いかけ、シュートを放ちゴールを決めることに熱中します。その結果、大腿二等筋やハムストリング筋や心肺能力が強化されるわけです。
　これを国語でもできないか？と考えたのが、私の国語の授業づくりを大きく変えたポイントになりました。「言葉で遊んでいたら、読む・聞く・書く・話すの力が鍛えられてしまった」という教材は作れないか？　と考えてさまざまなことを試しました。その中から、生徒たちが特に好きだったものを六つほど紹介しましょう。

1 たほいや

　これこそ、「キング オブ 学習ゲーム」と言っていいでしょう。
　どんな遊びなのかと簡単に言えば、辞書の中に書いてある言葉について、それがどういう意味なのかを考えて短文を作り当てっこするという遊びです。これは元々、フジテレビの深夜番組でその名も「たほいや」という番組で行われていた遊びです。イギリスのディクショナリーというゲームを日本に輸入して、日本語で遊べるようにして遊んでいる様子を番組にするというものでした。それを見て教室で実践して、『授業づくりネットワーク』1997年2月号で発表しました。おそらく日本で最初の実践記録かと思います。

遊び方

(1) 4〜6人ぐらいのグループを作る。
(2) 1人が出題者（親）になり，国語辞典からある言葉（御題）を選び紹介する。
(3) 他のメンバー（プレーヤー）は回答者となり，その言葉の意味を予想し，いかにも辞書に載っているかのような言葉遣いで紙に書いて出題者に渡す。
(4) 親は集まったプレーヤーの回答と自分の用意した本当の意味を混ぜて発表する。その際，プレーヤーの名前は発表しない。
(5) プレーヤーは，正解と思われる番号を一つ選び，賭け点を賭ける。
(6) プレーヤーは，なぜそれを正解と選んだのかのうんちくを述べる。
(7) その後，親は正解を発表し，得点計算をして，次の親にバトンタッチをする。

　詳しいルールは『たほいや』（フジテレビ出版，1993）にあります。また，YouTubeでも当時の番組を見ることができます。「たほいや再放送決定記念動画」[*1]は，8分弱でルールも分かりやすく説明されているので，宿題で見せてルールを理解させ御題を考えさせておくと，授業では「ゲームだけ」に集中できるでしょう。

　動画を見ていただければ分かると思いますが，この「たほいや」では，「読む」・「書く」・「聞く」・「話す」の力を使いながら遊びます。「調べる」に「計算する」まであります。さらに，国語の指導で難しい司会の力を育てることも可能ではないかと考えています。司会は，順番管理と時間管理が最低限必要な仕事です。親をやることでこの体験を積むことができます。

たほいや得点記録用紙

氏名	持ち点	正解と思われる番号	賭け点	計算式	得点
親				持ち点＋当たらなかった人数（誰も当てられなかったら×2）－当たった人の賭け点＝	
				1）親のを当てた人 持ち点＋親から自分の賭け点を貰う＋自分の答えに引っかかった人の賭け点を貰う＝	
				2）親のを外した人 持ち点－親に1点出す（誰も当てられなかったら×2）－騙された人に賭け点を出す＋自分の答えに引っかかった人の賭け点を貰う＝	

2 句会

なにを今更古くさいことを思われるかもしれませんが、これがまた実に面白いのであります。句会。

授業で俳句を作ることは時にはあるかと思います。その俳句は教室に短冊で掲示されるか、何かの大会に投稿しておしまい、ということになっていないでしょうか？ 実にもったいないです。句会にしましょう。

遊び方

(1) 俳句を作らせて、提出させる。
(2) 教師が、作者を隠してランダムの一覧表にする。
(3) 一覧表に載っている作品から、良いと思った俳句（正選句）と、これはいかがなものかと思った俳句（逆選句）を選ぶ。
(4) 正選句の得票数から逆選句の得票数を引いたものがその句の得点となる。
(5) 上位の3人程度が、自分の作品であることを名乗ることができる。
(6) その後、教師の解説を行う。

第４章　スペシャリスト直伝！　私のオススメ国語授業モデル

	句会　集計用紙						
	作品	正選句	逆選句	得点	順位	選考	
1							
2							
3							
4							
5							
6							
7							
8							
9							
10							
11							
12							
13							
14							
15							
16							
17							
18							
19							
20							
21							
22							
23							
24							
25							
26							
27							
28							
29							
30							

　30人くらいの生徒でやるのであれば，正選句を７句，逆選句を３句ぐらいから始めるのが良いでしょう。また，クラスによって逆選句を決めにくいのであれば，天地人という方式もあります。最優秀，優秀，優ということにします。そして，天を３点，地を２点，人を１点として考えて得点を合計します。

> ：「さて，正選句15票，逆選句３票で得点12点を獲得しました７番の句はどなたの作品でしょうか？」
> ：「……………○○です！」
> ：「えええええええええええええ！　すごい！」

という声が教室に響き渡ります。

　子どもたちに句を選ばせるためには，良い句と悪い句の判断基準を与える

必要があります。私は

- 五七五で作られているもの
- 季語が一つだけ入っているもの
- 嬉しい，悲しいなどの直接感情を表す単語が入っていないもの

という三つの規準をあらかじめ示して作らせていますので，この規準から外れているものは少なくとも正選句には選ばない，多くの場合逆選句になるということを説明しておきました。

　子どもたちに難しいのは，「季語が一つだけ入っているもの」です。季重なりが圧倒的に多いです。教師は解説のときに，ここを注意するといいでしょう。

　句会の良いところは，作者と作品を切り分けて，作品だけでの真剣勝負ができるところにあります。子どもたちはどうしても，「○○さんが作った作品だから」と作品ではなく，作者を見て評価しがちです。句会では作者と作品を切り離すことでこれを防げます。また，逆選句を選ぶときも安心して選べますし，選ばれます。

　匿名性が守られているということで，ちょっとした遊びもできます。

> 😀：「えー，今回の句会にはスペシャルゲストをお招きしてあります」
> 😀：「え，誰ですか？」
> 😀：「はい。私と校長先生です」
> 😀：「え〜〜」

ということで，教師が真剣勝負で参加できます。

> 😀：「さらに，豪華スペシャルゲストもお招きしています」
> 😀：「教育委員会？」

> 😀:「違います。江戸時代からお招きしております。松尾芭蕉さんです」
> 😯😯:「でええええ！」

ということも可能でした。匿名ですから。

　自分の句が正選句に選ばれなくとも，松尾芭蕉の句を正選句に選ぶことができた生徒は，ちょっと嬉しそうでした。

　また，どうしても俳句を作れないという子どもがいる場合，
　「資料集や歳時記から良いと思った俳句を選んできてもいいよ」
とやると全員が参加できます。私は四季を楽しんで年に4回やっていました。お薦めなのは，夏休みの宿題です。暑中お見舞いに俳句を書かせておき，8月15日辺りを締め切りにしておきます。届いた作品を夏休みの後半にワープロに打ち込んでおきます。新学期に句会から始まるのは，なかなか盛り上がって良いものでした。

　また，この句会形式を活用すれば，学級目標づくりや，後述する人生名言集などでも活用できます。

3　無関係ゲーム

　私も監修しているNHK教育テレビ「テストの花道」でも使われていたゲームです。単純な割には難しいところもあります。

🖊 遊び方

① 3人一組になり，先攻，後攻，ジャッジを決める。
② 先攻は，1分間，後攻に質問をし続ける。
③ 後攻は，その質問に関係のない答えをし続ける。
④ 質問に関係のある答えを答えてしまったら，後攻の負け。無関係の答えを言い続けられたら後攻の勝ち。
⑤ 関係あるかないかは，ジャッジが聞いて判断する。
⑥ 対戦が終わったら役割を交代して，ゲームを進める。

さて，先に学習ゲームは「ゲームの中に学習すべき内容が盛り込まれているゲーム」と説明しました。それではこの「無関係ゲーム」は学習すべき内容として何が入っているのでしょうか？
　実は「聞く力」なのです。このゲームは相手の質問に関係のないことを答えなければなりません。答えるためには，相手の質問をよく聞かなければなりません。よく聞いて，関係のない答えを返すわけです。
　聞く力を育てるために，話をメモするなどという実践もあります。これはこれで正しいと思います。しかし，聞くというのは，こういうことでも鍛えられるのではないかと思います。また，よく聞くとなると「先生の方におへそを向けて聞くこと」のように態度的に聞くことにとどまっている可能性はないでしょうか。じっくり間違いなく聞くことも「よく聞く」です。しかし，これはなかなか指導しにくい。しかし，このようにゲームにすることで聞かざるを得ない環境を設定することが可能だと思うのです。
　話を聞かない生徒が出てきたとき「聞きなさい！」という命令ではなく，聞くゲームを入れていく。こういう指導も大事だと考えています。

4　ことわざ

　「ことわざなんて，わざわざ中学校で教える必要があるの？」という思いを持つ方もいるでしょう。学習指導要領では小学校3，4年生の国語で扱う内容ですから。しかし，理解が不十分な生徒も多くいますし，なによりやっていて楽しいです。言葉を楽しく思えるようにすることは，国語科の教師の大事な仕事の一つだと考えています。
　私は，ことわざについて3年間で段階的に指導していました。それは，1年で覚える，2年で使う，3年で作る，です。もともと言葉の獲得はこの，覚える，使う，作るの3つの段階を経ながら行われていくのだろうという仮説を私は持っています。これをことわざ指導にも適用しました。順番に見ていきましょう。

（1）ことわざでぽん！

　カードゲームです。ことわざと意味が揃ったら捨てられるというUNOのようなゲームです。後述する「対義語でぽん！」のことわざ版です。これを使いながら，ことわざと意味のペアリングをします。

（2）ことわざスピーチバトル

　対義語のことわざを使った簡単なディベートです。「始めが肝心 vs 終わりよければ全て良し」「急がば回れ vs 善は急げ」「二度ある事は三度ある vs 三度目の正直」などの対立したことわざを使います。

やり方

① 5～6人で1グループになる。
② 2人が対戦する。それぞれが一つのことわざについて30秒から1分ぐらいの短いスピーチをする。例えば「私は，『始めが肝心』が正しいと思います。なぜかというと，こんなことがありました。～～～。だから，『始めが肝心』が正しいのです」のように。
③ 反対側のスピーチが終わった後，ジャッジの一人が「せーの」と声をかけ，ジャッジは一斉にどっちのスピーカーが勝ったかを指差す。判定の基準はなるほどと思った方とする。
④ 全員が両方のことわざを言って対戦するまで続ける。

　ことわざは意味を覚えただけではダメで，適切に使える必要があります。従来は短文を作って使えるかどうかを確認するということがされていました。ここでは，スピーチの対戦という型式をとることで正しい使い方を身に付けさせます。

ことわざ反対表

以下の、1から27のことわざをよく調べてみると、まったく反対のことをいっているものがあります。ことわざと反対のことわざのことを、50から76のことわざから選び、数字で答えましょう。

		【解答欄】
1	善は急げ／先んずれば人を制す	50 七転八倒
2	始めが肝心	51 負けるが勝ち
3	瓜のつるになすびはならぬ	52 掃き溜めに鶴
4	虎穴に入らずんば虎児を得ず	53 時かぬ種は生えぬ
5	朱に交われば赤くなる	54 鳶が鷹を生む
6	武士は食わねど高楊枝	55 人を見たら泥棒と思え／男は家門を出れば七人の敵あり
7	総領の甚六	56 鳶が鷹を生む
8	大器晩成／ますいのこはまずい	57 株を守りて兎を待つ／百年河清を待つ
9	嘘も方便	58 芸は身の仇
10	亀の甲より年の功	59 君子危うきに近寄らず
11	すきこそものの上手なれ	60 嘘は泥棒の始まり
12	あとは野となれ山となれ／旅の恥はかきすて	61 腹が減っては戦ができぬ
13	喉もと過ぎれば熱さを忘れる	62 梅檀は双葉よりかんばし
14	待てば海路の日和あり	63 正直者が馬鹿を見る
15	好きこそものの上手なれ	64 終わりよければすべてよし
16	七転び八起き	65 案ずるより産むが易く
17	三度目の正直	66 賢兄愚弟
18	一石二鳥／一挙両得	67 二度あることは三度ある
19	瓜のつるになすびはならぬ／蛙の子は蛙	68 二兎を追うものは一兎をも得ず／虻蜂取らず
20	果報は寝て待て	69 急がばまわれ
21	渡る世間に鬼はなし	70 麒麟も老いては駑馬に劣る
22	貧乏暇なし／稼ぐに追いつく貧乏神	71 義を見てせざるは勇なきなり
23	勝てば官軍負ければ賊軍	72 立つ鳥あとを濁さず
24	正直の頭に神宿る	73 一寸の虫にも五分の魂
25	触らぬ神に祟りなし	74 寄らば大樹の陰
26	長いものには巻かれろ	75 稼ぐに追いつく貧乏なし
27	芸は身を助く	76 下手の横好き

【答え】

1 69	2 64	3 54	4 59	5 52	6 61	7 66	8 62	9 60	10 70	11 74	12 72	13 65	14 57
15 76	16 50	17 67	18 68	19 56	20 53	21 55	22 75	23 51	24 63	25 71	26 73	27 58	

〔 〕組〔 〕番　氏名〔 　　　 〕

(3) 人生名言集

　入試後の，卒業前にやっていました。「15年間生きた人生経験を元に，10年後『広辞苑』に掲載されるような奥の深いことわざを作ろう」というものです。

やり方

① 大人・子ども，人間・人生，男・女などいくつかのヘッダーを与えて新しいことわざを考えさせる。
② 教師の方で匿名の一覧表にして，句会形式で選ばせる。
③ 優秀作品のみ名乗らせる。

　次ページの資料は，平成13年度の中学校3年生の各クラスで選ばれた優秀作品です。私や当時の校長も匿名で参加し，見事選ばれました。これを卒業式前，卒業アルバムの配布のときに一緒に渡して卒業アルバムに挟んでおきなさいと指示を出しました。

　生徒にことわざを作らせるとその当時の世相なども現れてきます。「ラディンとオマルのテロ隠し」は，「千と千尋の神隠し」の流行った年のことがよく分かります。

　また，今まで習ったことわざのパロディで作る生徒と，オリジナルで作る生徒に分かれます。

・逃がした私は大きい　・住めば狭い　・雨降らずとも二人固まる
は前者で，
・自分がすごいことをしたときに限って，誰も見ていない
・大人の言う「あとちょっと」は，すごく長い
・「最新」と名の付く辞書も，すでに最新ではない
は後者です。

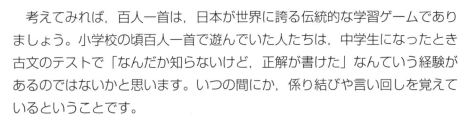

5　J1 百人一首

　考えてみれば，百人一首は，日本が世界に誇る伝統的な学習ゲームでありましょう。小学校の頃百人一首で遊んでいた人たちは，中学生になったとき古文のテストで「なんだか知らないけど，正解が書けた」なんていう経験があるのではないかと思います。いつの間にか，係り結びや言い回しを覚えているということです。

　また，世界を見回してみて1000年以上も前に作られたsongを使って遊び，かつ，その国の人たちが100songsのうちのいくつかは覚えているなんていう国は，皆無ではないかと思います。中学生に百人一首で遊ばせるべきです。そして，やがて彼らが大人になったとき，遊ばせる側に回れるように指導すべきだと考えています。

　とはいえ，100枚のカードを使って行う百人一首の対戦を組み立てていくのは，ちょっと大変です。少し工夫が必要です。小学校では，「五色百人一首」などを使っています。20枚ずつ色分けされているので，覚える分量

が少なくて済み，かつ対戦時間も少なくて済むという特徴があります。

　私がやってきたJ1百人一首は，対戦相手の力量の差について工夫を凝らしたところに特徴があります。中学生は，「ちょっと頑張ったら勝てるかもしれない」という対戦相手とならば努力をしますが，最初から勝てるわけがないという相手にはまったく挑みません。ですから，指導者は生徒の対戦相手の力量の差が僅差になるようにコーディネートする必要があります。また，3年間で少しずつ全体の難易度を上げていきます。

やり方

① 全部で6回やると告げ，一試合目は生活班などで行う。乱取り。
② 一試合目の結果で，各班の中で順位を確認する。
③ 二試合目は，各班で1位の人のグループを作り，J1と名付ける。以下，2位をJ2としJ6まで作る。
④ 二試合目が終わったら，J1の5位と6位は，J2の1位と2位の生徒と入れ替わる。以下同じ。ただし，J4とJ5，J5とJ6は半分ずつ入れ替わるくらいにする。下位の生徒には少し努力すれば上に上がれるように配慮する。
⑤ 6試合行う。

　6試合行うと，それぞれ対戦相手はほぼ同じくらいの強さが，そのグループに集まることになります。評価は上昇率と上位のグループへの残留率と各グループでのトップ率で行うようにしました。

　これでかなりうまくいきました。しかし，まだ工夫したことはあります。

(1) あんちょこペーパー

　読み手である私が上の句を読んでいる間，J3以下の生徒はボーッとしていることがありました。上の句を聞いても下の句が分からないのでボーッとしているのです。50分の授業で言えば，半分の25分間ボーッとしている

ことになります。これはまずいです。そこで、「資料集持って来ていいよ」と指示を出したところ、喜んで見ながらやるのですが、やっぱり途中からボーッとしてしまいます。なぜかと考えてみたところ、資料集の百人一首は五十音順には並んでいません。そこで上の句を読まれても探せないのです。

　これを受けて、インターネットでひらがなで書かれている百人一首をダウンロードし、それをExcelで五十音順にソートして、表に50歌、裏に50歌のA3のプリントにして配りました。曰く「J1、2は見てはいけない。J3、4は見てもいい。J5、6は見なさい」との指示とともに。授業中にあんちょこペーパーを使いながら暗記をさせることができたと言えましょう。このことによって、前半のボーッとする生徒は少なくなり、なかにはJ1、2よりも早く取れる生徒が出てきて喜ぶようになりました。

(2) 冬休みを挟む

　対戦は、4回までを12月中に行い、間に冬休みを挟むのがいいです。このことで、正月に家族、親戚が集まったときに百人一首をする機会が増え、かつ、そこで年配の人たちに、また場合によっては年下の小学生たちに鍛えられて、1月を迎えることになります。後半の5、6回目は一層盛り上がります。

(3) 読み手のお手つき

　1年生のときは、私が全クラスで読み上げます。これは読み方のリズムを生徒に伝えるためです。CDを流す先生もいますが、私はしませんでした。後半の枚数が少なくなってきたときに、CDだと間隔が変わりません。ここは間抜けになってしまいます。教師の肉声で行うことをお勧めします。

　2年生になったら、各グループで一人5枚ずつ順番に読み手を経験させます。一試合で15枚ぐらい読むことになります。「君たちはやがて自分の子どもたちを百人一首で遊ばせる側に回る。そのときに、札を読むのは誰だ？　そう、君たちだ。今からその練習もする。1000年以上続いていた遊びを君たちの代で終わらせないでくれよ」と言いながら。

3年生になると,「今年は,読み方を間違えたらお手つきだからね。間違えたら,自分が取った札を一枚,場に戻すこと」というようにハードルを上げていきました。

中学校の教師は,少なくとも1年間生徒を見続けられます。3年間もあります。スモールステップで彼ら彼女らの力を育んでいくことが許されています。いきなりの成長を求めるのではなく,「やればできそうだな」のレベルの課題を与え,成長を期待します。もちろん,生徒たちは突然 $Y=X^2$ のような成長をすることもありますが,指導者側はスモールステップを用意すべきでしょう。

「遊んでいたら,いつの間にか国語の力がついていた!」生徒たちに,こう言わせたいじゃないですか。こちらは国語の授業の Pro なんですから。

6 対義語でぽん!

私の考えたオリジナルの対戦型カードゲームです。UNO のようなゲームです。ペアのカードを作りながら持ち札を早くなくしたものが勝ちです。集団単語カード捲り学習のような機能を持ちます。次ページに生徒に配ったプリントを載せます。

生徒たちが学習ゲームに慣れてくると,遊び方を示したプリントを配布しただけで,勝手に読み始めようとすることがあります。そのときすかさず

「君たちは意欲的だねえ。読みなさいなんて指示を出してもいないのに,自分たちで読み始めるとは」

「では,読んで理解したところから遊び始めていいよ」

と言います。すると,カードを取り出して,机に並べてみんなでアーでもないコーでもないと言いながら遊び始めます。

そもそも遊びというのはそういうものではなかったでしょうか。トランプ遊びを覚えるとき,全部を理解してから参加したでしょうか? そうではなく大体のことを教えてもらって,あとは一緒に遊びながら覚えるということだったと思うのです。ここでは教えてくれるのが教師ではなく,プリント。

そこにある説明を読んで理解した者だけが遊べる。つまり，読解なわけです。

ここでは，カードのデータを資料集にあった対義語にしていますが，データを変えることでいろいろと遊べます。四字熟語，故事成語，ことわざ，類義語などの言語事項に特に向いています。

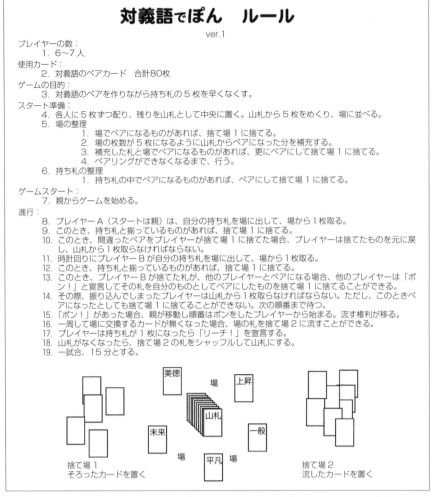

私は Excel でデータベースを作り，カード型データベースに読み込んでカードを作っていました。印刷した用紙を切り離すところから生徒と一緒に

やると，その時間も対義語に触れる時間になります。

　このプリントではルールver.1を載せていますが，バージョンアップしながら難易度を高め，楽しさを増すことができます。特定のカードが出たら反対周りにするなどもあります。私の同じ学年の英語の先生が，「過去分詞でぽん！」というのを作ってくれました。1枚のカードに，英語の動詞の原形，過去形があり，もう1枚のカードには過去分詞があるわけです。「make，made」と「made」というわけです。この「過去分詞でぽん！」の場合，カードを捨てるとき読み上げなければいけないというルールが追加されました。正しく読み上げられなければ，お手つきになるという工夫です。

　誤解のないように書き加えておきます。このゲームは生徒の目標は一番で上がることです。しかし，このゲームは少しでも多くの時間をカードで遊ばせることに目的があります。ゲームに上がってしまうということは，学習をやめるということです。遊んでいるときに，学習が営まれています。ですので，上がりにくくすることが学習を継続させることになるわけです。

　運が良くて上がってしまう生徒もいます。しかし，その生徒は残りの時間はボーッとしているのです。学習になりません。しかし，さらに言えば，運が良くて上がれるようになっていないのもダメなのです。勉強をしてこなかったけどちゃっかり運が良くて1位になったという経験が生まれないと，「ちょっとやってみようかな」ということにはならないのです。この辺りのゲームバランスの設計は難しいところです。

　試合時間は一試合15分としています。これなら50分の授業で3試合できます。一試合目，運が良くてすぐに上がってしまった生徒も，15分後にはまた学習に参加できます。そのための設定です。この「対義語でぽん！」でも，J1百人一首で使った「あんちょこペーパー」や，J1方式を使ってやるのも面白いです。

【注】
＊1　https://www.youtube.com/watch?v=D8ptbGe6WKg

7 「物語の読解」指導の極意

1 なぜ物語文を扱うのか

　国語の授業で物語文を読ませる。正直なことを言えば、私はこの意味があまりよく分かりません。物語、文学というのは人生に潤いを与えるものであるとは思っています。しかし、人間の闇の部分に触れることもあり、危険なものだとも思っています。その危険でもある物語や文学を学校の授業で扱うというのは、どうなんだろうと初任の頃に思っていました。

　「そんなもんは危ないから学校で扱わないで、自分でこっそりと楽しむものではないのだろうか」と。そして、その思いは今でも残っています。

　確かに、面白い小説を読み、その登場人物になりきって小説の世界にハマり込むというのは、実に楽しいことです。また、文脈の中に与えられる正しさ、美しさ、醜さ、悪さを読み取り、日常生活を忘れて物語の流れに流されることの快楽はいいものです。

　しかし敢えて言ってしまえば、物語や小説は、成人してしまえば娯楽でしかないわけです。娯楽としての本の楽しみを教えているのだという言い方もあるでしょうが、それだったら生きていくために必要な文章の書き方、美しい字の書き方、話し合い、ディベートに時間を割くほうが中学校の国語の授業ではもっと大事なのではないかと思っています。何せ人生の基礎をつくる義務教育なのですから。

　思っているけど、やらなければならないのが公立学校の教師です。それならば、子どもたちの人生の土台になるような物語の読み方を、楽しく教えたいではないかと思うのです。

　例えば物語の読解では、読者ならではの「神の視点」が得られます。物語

の登場人物には見えない世界が読者には見えます。例えば，この道を行けば，その先は崖であるということは読者は知っているけど，登場人物は知らない。これが神の視点です。また，物語にはいくつもの伏線がしかれていて，その伏線の回収の中で運命と思われていた人生は，必然だったのだと思われるようにつくられていることが多くあります。

　人生は，後ろ向きに乗ったジェットコースターだという言い方があります。確かに行き先を決めて，そちらに向かって努力を重ねていくのだけど，思いも寄らない出来事が降ってきて，湧いてきて思うようにならないのも人生です。そのとき，
　（あ，あれが私の人生において大事なポイントだったんだな）
と思えるものは，常に過去形でしか語ることができません。「ポイントだった」です。これが，人生は後ろ向きのジェットコースターに乗っているということの一つの側面です。

　自分の人生では，ここに気がつくのには結構な時間がかかります。入試や就職や結婚というライフイベンツがポイントになることもありますが，実は何気ないことがポイントになることが多いからです。そして，そのことに気がついたとき人は，しがらみの中で動きが取りにくくなっていることが多いわけです。

　もし，中学校で物語文，小説文を読ませることに大きな価値があるとすれば，ここではないかと思っています。つまり「神の視点」で自分の人生を見る考え方を教え，
　（私の人生にもこんなふうに何気ない瞬間が，その大切な一瞬になることがあるんだろうなあ。丁寧に生きていこう）
と気づかせることではないかと。人生の物語のドラマティックさは，実際の人生では毒にも薬にもなる。だから，まず物語で体験させる。人間にはどうしようもない闇の部分があることをフィクションを通して受け止めさせるのです。あなたが感じる正しさは，他の人には苦しさと感じられることがあり，あなたが不幸の種だと思ったことが，実は幸せの種だったと発見することも

あることを物語を通して実感させることではないかと思うのです。
　これから人生を踏み出していく中学生に，そのことにそっと気がつかせる授業。または物語を通して教師がそんなことをささやける授業こそが，中学校での物語文の読解の授業ではないかなあと思っています。そうだとすれば，その読解のための技と読解に適したテキストを用意することが大事になってきます。では，それはどういうものでしょうか。

2　物語を読解するときの三つの立場

　物語を読み進めていくときに，現在大きく三つの立場で読み進めることが可能と考えられています。授業を進めるときは，この三つの立場を理解した上で，テキスト論的な読解から進めることが大事です。

(1) テキスト論的な読解

　テキスト論とは，

> 文章を作者の意図に支配されたものと見るのではなく，あくまでも文章それ自体として読むべきだとする思想のことをいう。
> 　　　　　　　　　　　　　西研（「テクスト論」，知恵蔵2011）

です。書かれていることをそのままきちんと読み取るということです。自分の思い込みや，なんとなくそう思う，という読みを許さない読み方です。入試の読解はこのテキスト論での読解が前提になります。そこで，授業でもこのテキスト論での読解を行うことが柱になります。誰が書いたかということではなく，何が書かれているかを重視した読み方です。読解は書かれている文章が前提になります。
　「その意見は，文章のどこを根拠にしているのですか？」
という質問を大切にします。

(2) 作家論／作品論的な読解

　テキスト論に，誰が書いた文章なのかを考慮した読み方のことをいいます。太宰治ならではの自信のなさ，萩原朔太郎ならではの病的な叙述，宮沢賢治ならではの宇宙観などを踏まえて文章を読んでいく読み方です。

　お茶の水大学附属中学校の宗我部義則先生に，この作家論／作品論的な読解の説明の仕方を相談したところ，「例えば，作品の内部構造や表現の仕方を分析して鑑賞・批評しつつ，作者の意図に迫っていく読み方」または，「作者の発想の仕方や意図を考慮に入れつつ，作品の表現構造に基づいて鑑賞・批評していく読み方」という説明をしてくださいました。なるほどです。

　この読み方は，読解に深みを与えます。しかし，一方で本文以外のところから読解に情報を与えるので，テキスト論で読んでいる生徒たちからすると，先生が「後出しじゃんけん」をしているように映ることがあります。「知っているなら最初にそれを言ってくれよ」とか「本文に書かれていない情報じゃないか」のようにです。ここに留意したいです。

(3) 読者論的な読解

　書かれている文章をきっかけにして，作者が想定している主題や，作品の主な解釈にとらわれることなく自分の好きなように読みを展開していく読み方です。テキストを元に，自分の世界を創り出していくような読み方です。

　例えば，『竹取物語』を読みながら，

　　（ひょっとして，かぐや姫ってのは相当悪女ではないか？）

と思ってそれに従って読みを進めることも可能です。ただ，これは誤解，誤読につながることも多くあります。しかし，読書はその作品を読んだ者に生まれる世界観があるという前提を踏まえれば，この「誤解，誤読」を一概に否定してしまっては面白くありません。なぜ，そう読めたのかをクラスで追いかけてみても面白いと思います。

　ただし，この読者論的な読解も，言ってみればテキスト論的な読解ととらえることもできます。書かれている文章をきっかけにして，読者が新しい自分の

世界を読み開く,つまり解釈を行うためには,元の文章に何が書かれているのかをしっかりと読み取れていなければできないからです。学校教育の国語科の授業では,しっかりと本文に依拠した読みを進めていくことが基本です。

　この三つの立場を理解した上で,授業ではテキスト論的な読解を行うのが良いと考えています。それは入試での読解がこの読解に依拠しているものということだけでなく,根拠を示して読むことは学校教育でないと鍛えにくいということからです。根拠を厳しく問う読み方は,自分で行う読書では通常しませんので。
　また,テキスト論的な読解ができれば,作家論的な読解や読者論的な読解は自分でもできやすくなるということです。読者論的な読解ができてもテキスト論的な読解ができるようになるとは思いにくいわけです。

3　物語の三要素

　物語をテキスト論に従って読み取らせるためには,物語の三要素を押さえて読むことが大事になります。物語の三要素とは,

> **ポイント**
>
> ①　登場人物……主人公／脇役
> ②　背景……場所／時（時代,季節,時間）
> ③　事件

です。
　この三つを追いかけていくことで,誤読が減ります。では,これをどうやって教えるのでしょうか？　私はまず以下のようにやります。

> 😀:「ということで,この三つが,物語の三要素なんだな。じゃあ,恐竜の話で説明してみようか」

第4章　スペシャリスト直伝！　私のオススメ国語授業モデル

😀：「は？」
😊：「例えば，主人公はトリケラトプス。草食の恐竜だな。脇役はティラノサウルス。肉食の恐竜ね。君たちは『おまえうまそうだな』って絵本を読んだことあるでしょ？　あの子どもの方がトリケラトプス。お父さんになってしまった方がティラノサウルスね。ま，そんなことはどうでもいいのだけど，そういうこと」
😀：「分かった」
😊：「で，場所はどこかというと，これは地球ね。ま，この中学校のある○○市ということにしておこう」
　　「時代はいつかというと……」
😀：「恐竜がいたんだから白亜紀かジュラ紀！」
😊：「よく知っているねえ。どこのクラスにも恐竜博士はいるもんだ。そう，今から1億5千年前ということだ」
😀：「ひえー。よく分からない」
😊：「ま，ずっと昔ということだ。そして，そこでトリケラトプスとティラノサウルスがばったり出会う。どうだ？」
😀：「どうだって言われても。多分，肉食恐竜が草食恐竜を食べるんだと思います」
😊：「その通り。1億5千年前の日常だ。事件といえば事件だが，日常だ。何も面白くもない。ところがだよ。一つの要素を変えてみるとどうなる？」
😀：「？？？」
😊：「時代を，西暦2000年に変えたらどうなる？」
😀：「！！！」
😊：「ということなんだな。大事件だろ？」

　このように極端な例を示して分かりやすく説明します。次に行うのは，もう少し込み入った話です。要素が複雑になる話です。これを物語文でやって

しまうと，そこで拒絶反応を起こす生徒がいるので，子どもの世界に降りていって説明を行います。私は当時大人気であった漫画『Dr.スランプ』で説明をしていました。

> 🧑：「もう少し詳しく物語の三要素を見てみよう」
> 🧑：「難しいの？」
> 🧑：「難しいよ。だけどね，難しいからつまらないという考え方だけを持っているのは駄目だな」
> 🧑：「難しいのは，つまらないよ」
> 🧑：「そうか？ 君たちのやっているゲームの『ドラゴンクエスト』や『ストリートファイター』は，私から見ればものすごく難しいが，君たちは嬉々としてやっているだろう？ あれは，難しいから楽しいんじゃないのか？ 簡単だったらすぐに飽きてしまって『クソゲー』とか言うんじゃないか？ 難しいからやりがいがあって，面白いという世界を君たちは知っているはずだ」
> 「で，物語を読むための三要素だが，難しいといっても実は大したことはない。みんなが知っているお話で説明するから，安心すればいい。例に使うのは『Dr.スランプ』だ」
> 🧑：「え？ アラレちゃん？」
> 🧑：「そうだ。アラレちゃんの話で説明しよう」
> 「早速だが，この漫画の主人公は誰？」
> 🧑：「アラレちゃん！」
> 🧑：「そうか？ そうだったらタイトルは『アラレちゃん』になるんじゃないか？」
> 🧑：「……」
> 🧑：「主人公って何？」
> 🧑：「物語の中心人物のこと？」
> 🧑：「アラレちゃんは，ロボットだけど？」

第4章 スペシャリスト直伝！ 私のオススメ国語授業モデル

:「あ，そうか」
:「ま，アラレちゃんはロボットだし，人ではないこともあるが，主人公の定義は大体そうだ。また，事件を通して心情が一番大きく変化した人ということもあるな」
:「でも，『Dr.スランプ』の則巻千兵衛博士が主人公という感じではないです」
:「そうだね。実は，この話は本当は則巻千兵衛博士が次々新しいロボットを発明して物語を展開していくというストーリーにする予定だったのだけど，最初に作ったアラレちゃんがものすごい人気になったので，急遽展開を変えたという事情があるのですよ」
:「へー」
:「だから，タイトルと主人公がずれているということになっているのです。面白いでしょ。トリビアね」

＊

:「主人公が確定したので，脇役を考えましょう。脇役はだれがいる？ それでは，ノートを出して。1分間で知っているだけ，ノートに書け！ ヨーイ，ドン！！」
:「えええ。えっと，ニコちゃん大魔王に，その家来に，あかね，タロさ，ガッちゃん……」
:「はい，止め。書けた？ お互いに見せ合ってご覧」
:「ああ，いたいた。梅干し食べてすっぱまんとか！」
:「だね。実は『Dr.スランプ』は，ものすごい数の脇役に支えられているのですよ。連載が続いたからねえ。そして，回によってはその脇役がその回の主人公になるということもあったわけですね」
「ちなみに，栗頭大五郎先生を書いた人いますか？」
:「先生，マニアックすぎます」
:「頭の大きさに共感を覚えるのでね (^^)」
「さらに，この漫画では，太陽やうんちまでが語ります。『あさ

ー！』とね。こういう人ではない物が人のように話したりするのを，擬人法というのです。

*

👦：「では，次。背景の場所について考えてみましょう」
👧：「はい，これは地球です」
👦：「もう一度？」
👧：「ちきゅうです」
👦：「違います。あれは，ちたまと呼んでいます」
👧：「先生，詳しすぎます」
👦：「そして，もう少し狭い地域で言えば？」
👧：「ペンギン村です」
👦：「正解！　近くに大都会島もあります」
👧：「先生，なんでそんなに詳しいのですか？」
👦：「先生は，なんでも知っているのだ」
　　「そして，場面によって博士の家だったり，学校だったり場所は変わりますね」
👧：「はい」

*

👦：「背景の二つ目，時について考えましょう。まず，大きなところで時代です。これは結構難しい」
👧：「え？　タロさは，浮いているスケボーに乗って学校に行っているから，未来じゃないんですか？」
👦：「鋭い。そうやって物語の中にある事実を指摘して，それを根拠にして答えることは非常に大事なことです。確かに，今の世の中には浮かぶスケートボードはありませんし，過去にもなかったでしょうから，あるとすればこれから，ということで，これは近未来であるという考え方は非常に正しい」
👧：「へへへへ」

第4章 スペシャリスト直伝！ 私のオススメ国語授業モデル

:「ところがなんですよ，ところが」
:「ところが？」
:「ほら，恐竜のようなのいなかった？」
:「あ，いた」
:「大怪獣ラジゴっていうんだけどね」
:「先生，マニアック！」
:「これは過去の生物なのか，これから発見される未知の生物なのだろうか。ここが今ひとつ漫画を読んでみても分からないのだよ。だから，恐らく近未来であろうということは言えても，近未来だと断定はできないんだな」
:「そんなに丁寧に読むのですか？」
:「誤読をしないようにするためには，そうやって書かれている事実からきちんと読み解いていかないと駄目なんだな。読者の思い込みで読んでいくとおかしなことになる場合があるんだな」
:「なるほど」
:「ま，あとは，季節と時間。日本の物語の場合，この季節を読むというのはとても大事ですね。日本には季節が四つありますがこれはむしろ珍しくて，世界では一年中夏という国もあるわけです。季節の移ろいが物語の展開に影響していることもありますからね。景色の描写が登場人物の心の動きを表していたり，今後の展開を予告していることがありますから。また，主人公が公園に行くというシーンであっても，朝なのか，昼なのか，夕方なのか，夜なのかでかなり違う目的が考えられますよね。そういう背景を一つ一つ押さえながら読んでいくのが大事であって，面白いことなんですよ」
「ちなみに，登場人物と背景の二つで，物語の設定と言うこともあります。知っておいてね」

*

:「そして，最後に事件です。『Dr. スランプ』では，アラレちゃんが

> ガッちゃんと一緒に朝，学校に向かいますね。そのときに，いつも向こうからやってくるのが二人組の警官。アラレちゃんを発見して慌てて逃げるけど，いつもぶつかって飛ばされますよね？ これが事件です」
>
> :「え？」
>
> :「ただ，物語全体から言うと，それは事件の始まりとなります。こういうのをプロローグと言います。そして，本編の事件，そうですねえ，ニコちゃん大魔王が出てきてふるさとに帰ろうとして難儀したりとかいった事件がありますね。この事件のクライマックスに向けて，登場人物があれこれ行動していくときの，心の動きを追いかけていくのが物語の読解です。そのときに，先ほどの背景が変化していくので，ここをきちんと押さえて読むことが大事になります。背景が変わると，同じ行動をしていても目的や状況がまるで違ってしまうことがありますから。そして，アラレちゃんでは，んちゃ！で終わる最後の小さな話の部分が，エピローグという事件です」
>
> :「ふーん」
>
> :「だいたい分かりましたか？」
>
> :「だいたいなら分かりました」
>
> :「はい，それで十分です。詳しくは，教科書の物語文などを読みながら見ていきましょう。これが分かると，一人で物語文を読むときにも役立つと思いますよ」

　だいたい，こんな感じで物語の三要素を説明していました。
　新たな知識を与えてさらに説明をするというのは，生徒からしてみると二つのことを同時に学ぶことになります。これは勉強の仕方に慣れていない低学力の生徒にはつらいものがあります。ここで学ばせたいのは，物語の三要素です。ですから，彼らが持っている知識の中で説明を試みるのがいいと考えています。ここでは『Dr. スランプ』という漫画で説明しましたが，生徒

の実態に合わせて『サザエさん』『ドラゴンボール』『スラムダンク』『ちびまる子ちゃん』『ONE PIECE』『プリキュア』などを使ってもいいかと思います。

4 優れた発問

　実際の授業を進める上で大事なのが，指導言です。

　指導言とは「説明，指示，発問」のことを言います。説明とは，理解を促すように詳しく説き明かすことを言います。「擬音語というのは，音がしているものを音で表している言葉で，雨がザーザーと降るの，ザーザーのことを言います」のようにです。指示とは，行動／作業に対する命令です。「教科書のp.○を開きなさい」のようにです。発問とは，説明する内容を問いの形に変えて生徒に訊くことを言います。「『走れメロス』のテーマは何ですか？」のようにです。

　この三つのうち，どれが一番大事なのかという議論があります。問答型の授業で一番よく使うのは，説明です。指示や発問のない授業はあっても，説明のない授業は存在しません。説明がきちんとできることが大前提です。ですから，説明が大事と言えるでしょう。ですが，生徒の実態，指導の目標に応じてこれら三つの指導言を適切に使いこなせる力量が教師には必要です。

　ここでは一般的に難しいと言われている「発問」について考えてみることにしましょう。

　私は，物語の読解のための発問の種類には，3種類あると考えています。

ポイント

① 事実を確認する発問
② 部分を読み込ませる発問
③ 全体を読み込ませる発問

です。『走れメロス』を例にして，それぞれを簡単に見ていきましょう。

(1) 事実を確認する発問

　生徒がなんとなく読んだつもりになっている事実を，確実に読み取らせる発問です。

Q1 メロスはどのくらいの距離を走ったのでしょうか？

という発問が可能です。

　生徒たちは，なんとなく長い距離というイメージを持っているとは思います。しかし，なんとなくということは，本文を読めていないということを示しています。本文には，

> きょう未明メロスは村を出発し，野を越え山越え，十里はなれた此のシラクスの市にやって来た。

とあります。ですから40 km弱であり，マラソンのコースとほぼ同じくらいということが分かります。また，この文章を受けて

Q2 「きょう未明メロスは村を出発し」とありますが，これは何時頃でしょうか？

という発問も可能でしょう。未明というのは，まだ日が昇らない頃です。もちろん，日の出の時間は季節によって変わるのでメロスの舞台がいつの季節なのかを知ることが必要です。本文には，セリヌンティウスを身代わりに置いて村に戻るところの描写は，以下のようにあります。

> メロスは，すぐに出発した。初夏，満天の星である。

　舞台は，初夏だということが分かります。
　調べてみるとギリシャのアテネは，2016年6月ですと6：04amから6：06amの間に太陽が昇ってきています。東京では，4：26amから4：28amであり，ざっと1時間30分の違いがあります。東京だと3時

半頃にスタートしないと未明になりませんが、ギリシャだと5時頃にスタートとなるでしょうか。思ったよりも遅い時間ではないでしょうか。「村の牧人」であればいつも仕事に行く時間と考えてもいいかもしれません*1。

このように事実を確認する発問は、物語の背景を読み取らせるときに有効です。

（2）部分を読み取らせる発問

　文脈に変化のあったときに、それを理解させる発問です。

Q3 メロスが王との会話をしている中で「あ、しまった。妹の結婚式に出なければならないんだった」と一瞬冷静に戻ったと分かる表現はどこでしょうか？

　これはいろいろと出てくるでしょう。注目するところは、ここです。

> 「ああ、王は悧巧（りこう）だ。自惚（うぬぼ）れているがよい。私は、ちゃんと死ぬる覚悟で居るのに。命乞いなど決してしない。ただ、——」と言いかけて、メロスは足もとに視線を落し瞬時ためらい、「ただ、私に情をかけたいつもりなら、処刑までに三日間の日限を与えて下さい。たった一人の妹に、亭主を持たせてやりたいのです。三日のうちに、私は村で結婚式を挙げさせ、必ず、ここへ帰って来ます。」

　断定の口調で王を断罪していたメロスが、「ただ、」からは語気が弱まります。「情をかけたいつもりなら」と強く出ていますが、その後から「与えて下さい」とお願い口調になっていきます。最後は「ます」と丁寧語になっています。この変化はさっと読んでいると発見できません。音読指導をするとき、この違いを読み取らないとここに適した音読はできなくなります。
　場面の転換、登場人物の心理の変化などに気がつかせたいとき行うと有効な発問です。

（3）全体を読み込ませる発問

　物語の主題を考えさせる発問，または，物語の主題の根拠を考えさせる発問です。

Q4 『走れメロス』のテーマは何ですか？

Q5 『走れメロス』のテーマは「友情」です。なぜ，そう言えるのか本文から根拠を示しなさい。

　本書のp.60で，Q4のタイプの授業の構成を「コナン型」と言い，Q5のタイプの授業構成を「古畑型」としました。Q4では授業を進めていき，最後の最後にこの発問をすることになります。教科書を全部説明し，生徒が理解しているという前提です。それに対して，Q5は授業の冒頭に発問を行います。まさに，「犯人」を捜せ！というスタイルの発問です。

　教師は説明が好きなので，どうしてもQ4のタイプで授業を展開したくなります。しかし，平成の子どもたちはこの授業スタイルでは飽きてしまうだろうというのが，私の考えです。授業の最後にこの「さて，『走れメロス』のテーマは何ですか？」の問いを発するとき，教室にいるどれくらいの生徒がついてきてくれるのだろうかと思います。おそらく，ほとんどの生徒が

> **ポイント**
> ● もうずっと前から分かっている。
> ● もう飽きた。
> ● 分かっているけど，仕方なくつき合ってやる。
> ● いいから早く答えを言ってください。メモしますから。
> ● やった，もうすぐこの単元が終わる！

のどれかではないかと思います。そして，定期考査の答えに，授業で先生が説明した答えを暗記して，答案に書くということになります。中学生のときの私にはこのタイプの授業が耐えられなかったのです。Q5にすると「ん？なに？」と考えざるを得なくなり，教室で仲間たちと議論せざるを得なくな

ります。教室の授業で物語を扱う意味も鮮明になります。
　このQ5のタイプの発問をすると、教師は生徒たちをかき混ぜる役割になります。
「え？　私はこんなメロスのような友人は欲しくないなあ。だって、2年ぶりに会ったと思ったら俺のかわりに人質になってくれなんて言う友達欲しくないよ。それって友情？」
「ちなみに、こんな兄も欲しくないなあ。そうでしょ？　『市に用事を残して来た。またすぐ市に行かなければならぬ。あす、おまえの結婚式を挙げる。早いほうがよかろう。』ってメロスは言っているよね。妹の結婚相手の親戚は困るだろうなあ」
などと言いながら、本当に友情なのかと揺さぶります。検証を促します。
　教師が正解を言って、それを生徒がノートに書き写す授業と比べると大きな違いがあることがお分かりいただけるかと思います。
　なお、指導言をさらに深く学びたい方には、次の3冊がお勧めです。読んでみてください。
『発問上達法　授業つくり上達法part2』（大西忠治著、民衆社）
『AさせたいならBと言え』（岩下修著、明治図書）
『発問の作法』（野口芳宏著、学陽書房）

5 短編問題集で楽しむ

　物語を読ませるとしたら、私は次の三つを生徒に味あわせたいと思っていました。

ポイント
- 作品を丸ごと味あわせたい。
- 作品をたくさん味あわせたい。
- 鮮やかな仕掛けの作品を味あわせたい。

しかし，教科書の物語教材の指導には結構時間がかかります。また，仕掛けのある文章を先に読まれてしまっては感動も少なくなります。そこで，私はこの三つを生徒に味あわせることを可能にするために「短編問題集」と名付けた短編小説の読解をプリントで行っていました。30作品ほど作りました。
　まずは，短編問題集を１問解いてください。５分もあれば読める分量の文章です。そして，１問だけの問いに答えてください。では，どうぞ。

兄　弟

　兄さんとボクは同じ日に生まれた。
　うん，双生児の兄弟，姿形だって真実鏡に映したように二人はよく似ていた。
　生まれつき兄さんがボクより賢かったのかどうか，ボクにはわからない。でも，気がついたときには，ボクたちはもうはっきりと差別されていた。力の強い兄さん，不器用なボク……。
　パパもママもボクには冷たかった。なにかと言えば兄さんのほうだけ優遇する。ボクが玩具(おもちゃ)に手を出そうとしても兄さんが先にサッと手を伸ばして取ってしまう。パパもママも，それを見てべつに注意をしようともしない。それどころか，まるで当然のことみたいに笑ってながめていたんだ。
　ボクはどんなにくやしかったか。
　お菓子だってたいていは兄さんが一人で取ってしまう。ボール投げを教えられたのも兄さんだけだった。
　ボクだってためしに投げてみたけれど，ママが，
　「ダメねえ」
　と言って顔をしかめ，すぐにボールを取りあげて兄さんに渡してしまった。
　こんなことでは兄さんが威張りだすのも無理がない。同じ兄弟だというのに……。
　それだけじゃない。五歳になって字をおぼえるころになると，パパもママもボクにはけっして鉛筆を持たせてはくれなかった。お絵かきだってボクにはさせてくれなかった。
　ボクはこっそりと兄さんの物真似をして字を書いてみたけれど，われながらいやになってしまうほど下手クソだった。
　要するにいつもパパやママにかわいがられ期待されるのは，兄さんのほう。ボクなんかまるで目をかけられない。兄さんだけがなんでもできるようになった。
　――でも，本当にボクは兄さんにかなわないのだろうか。生まれつき兄さんより駄目なやつなんだろうか――
　そんなはずはない。
　十歳の時に事件が起きた。兄さんが機械にはさまれて死んでしまった。パパやママがどんなに悲しんだか。本心を言えば，兄さんの替わりにボクが死んでくれればいい，と思ったにちがいない。
　ボクたちはたった二人っきりの兄弟だったから，兄さんがいなくなれば，今度はボクがパパやママの手助けをしてあげなければいけない。パパもママもようやくボクに期待をかけるようになった。ボクは兄さんのようにはうまくやれず，ずいぶん叱られたっけ。
　苦しかった。つらかった。
　でもボクは一生懸命がんばった。
　今ではもう兄さんと同じくらいなんでもできるようになった。兄さんと同じくらい力も強くなったし，器用に仕事ができるようになった。
　ボクんちだけが特別だったわけじゃない。このひどい差別はどこにでもある。ボクの名前は□□□□。兄さんはもちろん□□□□という名前だった。
　　　　　　　　　　　　　　　　（阿刀田高『新装版　最期のメッセージ』）

問　さて，この「兄弟」とは何者でしょうか？

第4章　スペシャリスト直伝！　私のオススメ国語授業モデル

いかがでしたでしょうか。これが短編問題集です。

> **やり方**
>
> (1) どんでん返しや伏線のある短編の小説をプリントにする。
> (2) どんでん返しの部分を隠し，ここを問う問題を1問作る。
> (3) 1問を解答する時間は，20分を上限とする。
> (4) 生徒は，相談以外は何をしてもよい。
> (5) 答えは合うまで何回持ってきてもよい。
> (6) 途中にヒントを2回程度入れる。
> (7) 1時間で2作品を読ませる。20分で最初の作品が答えられば途中で2問目に移ってよい。
> (8) 授業終了5分前を解答締め切り時間に設定する。
> (9) 締め切ったら，生徒たちには一切発言権を認めない。
> (10) 残りの5分を使って教師は，じわじわと答えを伝える。

　もうご理解いただけたかと思いますが，この短編問題集は，上記の全体を読み込ませる「発問」に分類される問いを一つ用意してあります。
　この短編問題集をどのタイミングでやっていたかといえば，定期考査が終わって答案を返却するまでの間です。定期考査は週末に終わることが多く，生徒は月曜日には答案が返却されるものと信じ込んでいませんか。私は生徒に話していました。
「週末はクラブ活動があったよね？　そして，月曜日である。いつ採点するのだ，私は？」
「さらに，クラブ活動がなかったとして，土日の休日に採点を君たちは当たり前と考えているのかね？」
ということで，この短編問題集をさせながら，教室で採点をしていました。勤務時間にしっかりと採点です。

ある時には，
「先生，これ使えませんか？」
と生徒がこの短編問題集に適した作品を探してきてくれる場合がありました。そのときは，短編問題集の採点もその生徒に任せていました。非常に喜んでいました。私も，喜んでいました。
　あ，答えは，「左手」「右手」です(^^)。

6　非連続型テキスト

　最後に，この非連続型テキストにも触れておきたいと思います。簡単に言えば，絵，写真，図，グラフの読解です。
　PISAの読解力テストで取り上げられるようになってから一気に脚光を浴びるようになりました。このごろでは，小学校の国語の教科書にも載っています。恐竜の親子がキャンプ場にやってきた1枚の絵を読み取る教材です（「山の湖でのできごと」日本文教出版　3年生）。
　私は国語科の指導領域概念図（p.13）で，「見る」という言葉を入れています。これは，この非連続型テキストを意識しているものです。教師になりたての頃は，非連続型テキストという言葉を知らずにこの絵を読み解くということを指導していました。その頃は，
「どこが国語なんだ？」
「教科書のどこにあるんだ？」
と非難も受けましたが，分析批評やメディアリテラシーの考えを知るようになり，やはり絵，写真，図，グラフからの読解は非常に大切だと理解するようになりました。それが，今では非連続型テキストの名前で言われています。
　どうも国語科の教員は，文章である連続型テキストと，絵，写真，図，グラフの非連続型テキストでは，後者の方を格下に見ている感じがあるのではないでしょうか。
「絵なんて見れば分かるよ」
と。しかし，私はどちらもそれなりに難しく，非連続型テキストの読解の練

習をしていない者にとっては却ってこちらのほうが難しいのではないかと思います。
例えば，

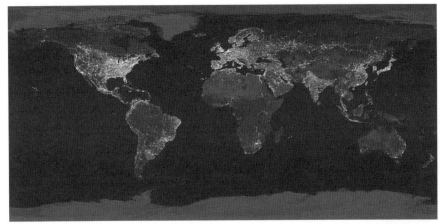

Earth at Night
Astoronomy Picture of the Day, 2000 November 27

地球の夜の写真を与えられて，

問1　この写真を見て分かることを五つ書きましょう。
問2　それは何が原因だと思いますか？
問3　今後，この現状をどうすればいいと考えますか？

という問いに答えるのは，実は結構難しいと思うのです[*2]。これは，PISAの読解力調査で問われている，

情報の取り出し……テキストに書かれている情報を正確に取り出すこと。
解釈……書かれた情報がどのような意味を持つかを理解したり，推論したりすること。
熟考・評価……テキストに書かれていることを知識や考え方，経験と結び付けること。

に対応した問いです。

　PISAが示す読解力の定義やテキストのタイプ，形式，用途，状況は，あまり日本の国語の授業ではお目にかからないものです。もちろん，PISAはOECDが主催しているもので人材としての人間を測る尺度として採用されているという側面があります。しかし，それであっても参考にする点は多くあると思っています[*3]。

【注】
*1　もちろんこの暦は現在の暦とは違うのではないかという指摘も可能です。例えば旧暦などです。それであれば，それに従ってまた考えてみるというのも良いと思います。
*2　参考までに解答例を一つ。問1：北半球が明るい。問2：文明が北半球を中心に発展してきた。問3：人類全体の安定した繁栄のための経済活動を行う。
*3　文部科学省＜PISA調査（読解力）結果等に関する参考資料＞　http://www.mext.go.jp/a_menu/shotou/gakuryoku/siryo/05122201/007.htm

8 私のオススメ「スピーチ」指導

1 指導の難しさ

　スピーチの指導は難しい。多くの先生方はそう思っているのではないでしょうか。また実のところ，指導はしたことがないという先生もいるのではないでしょうか。考えられる理由はいくつかあります。

ポイント
(1) 自分がスピーチが下手だから。
(2) 自分がスピーチの指導を受けたことがないので，指導の仕方が分からないから。
(3) スピーチの評価の仕方が分からないから。

　特に(3)が大変だという思いを持っている先生が多いです。指導した以上は，評価をしなければなりません。そして成績として評定を出さなければなりません。国語科の教師は紙での試験問題は慣れています。しかし，音声言語の，紙のない試験問題は慣れていません。紙の試験問題は，生徒の解答をじっくりと読むことができますが，スピーチのテストはその場で一回きりです。あとで聞き直して採点するということはできません。録画してやるというのも原理的にはできますが，それをやりこなすだけの時間は学校にはありません。そんなことから指導を躊躇う先生が多いのではないでしょうか。
　私もスピーチの指導を始めたとき，ここがやはりネックでした。どうやったらいいのか皆目検討がつきませんでした。考えたあげく私は音楽の先生に質問することにしました。

「先生はどうやって歌のテストをやっているのですか？」
と。すると音楽の先生は
「あらかじめ観点を決めておいて，そこに合わせて採点します」
とのことでした。つまり，採点の規準を決めておき，その規準で良い，悪いの評価をするというのです。
「なるほど。でも，先生，それは客観的な評価というよりは，先生の主観的な評価になってしまうといえるのではないでしょうか？」
敢えて聞いてみました。すると，
「私が教えたんだから，私が示したのが規準です。私がそれに基づいて判定します。私は音楽の専門家であって，プロなんです」
と答えてくださいました。
分かったことがあります。要は，肚をくくれということなのです。私は十分に準備をした上で，肚をくくりました。

2 指導すべき事柄

指導すべき事柄は，あらかじめ生徒に示しました（次ページの表）。
つまり，この表にある事柄を指導し，評価するということです。一度にすべてはできませんから，
「今回は，この中から，適切な声の大きさ，声の明瞭さ，身振り・手振りの３点について指導し，評価することにします」
と伝えておきます。生徒は何を勉強すれば良いのかが分かるわけです。
考えてみれば，これは当たり前のことです。作文にしても同じでなければならないでしょう。何を指導し，何がどのようにできれば評価されるのかということをあらかじめ生徒に伝えておくこと。評価の規準と基準をあらかじめ示すことなく，採点をするというのは，後出しじゃんけんをしているようなもので，生徒の側からするとフェアに見えないかもしれません。
「スピーチ採点表」に示した通り，色々なことを指導し評価しました。『あなたの話はなぜ通じないのか』（山田ズーニー著，ちくま文庫）によれば，

第4章　スペシャリスト直伝！　私のオススメ国語科授業モデル

スピーチ　採点表　For Speaker	
採点官　　組　番氏名	
項目	評価
適切な声の大きさ	5・4・3・2・1
声の明瞭さ	5・4・3・2・1
身ぶり・手ぶり	5・4・3・2・1
視線	5・4・3・2・1
ユーモア	5・4・3・2・1
間	5・4・3・2・1
姿勢	5・4・3・2・1
原稿の位置	5・4・3・2・1
時間管理	5・4・3・2・1
構成	5・4・3・2・1
説得力	5・4・3・2・1
その他	5・4・3・2・1
合計	

◆　その他、気が付いたことがありましたら書きましょう。

スピーチ　採点表　For Teacher	
採点官　　組　番氏名	
項目	評価
適切な声の大きさ	5・4・3・2・1
声の明瞭さ	5・4・3・2・1
身ぶり・手ぶり	5・4・3・2・1
視線	5・4・3・2・1
ユーモア	5・4・3・2・1
間	5・4・3・2・1
姿勢	5・4・3・2・1
原稿の位置	5・4・3・2・1
時間管理	5・4・3・2・1
構成	5・4・3・2・1
説得力	5・4・3・2・1
その他	5・4・3・2・1
合計	

◆　その他、気が付いたことがありましたら書きましょう。

スピーチ採点表

伝わる話のためには，「内容，熱意，技術」が大事だというのです。私の行った指導を，この観点で分類して考えてみたいと思います。

(1) 内容

　話す内容について，生徒が持っている誤解を解かなければなりません。生徒は話したいことを話そうと思っています。これが誤解です。スピーチは（実は，作文もですが），話し手が話したい内容を話すのではなく，聞き手が聞きたい内容を話すということが大事です。話したい内容の典型的なものは成功談，自慢話でしょう。しかしこれを聞きたいという人は，その話し手のファンであるときだけです。通常はありません。授業のレッスンでは，話し手は，まずは聞き手が聞きたい内容を考えて話すべきです。少なくとも，話したいことと聞きたいことが一致している部分を話すことを心掛けるべきで

す。

　そのときに次の二つのことを考えると考えやすいでしょう。目的意識と相手意識です。目的意識とは，このスピーチは何を目的として話しているのかを明確にすべきだということです。一つのスピーチに盛り込む内容は色々あるかもしれませんが，「○○が伝われば，このスピーチは成功」と言える○○を話し手はきちんと掴んでスピーチをする必要があります。ここがぶれると，聞き手には不満の残るスピーチになります。

　相手意識とは，誰に向かって話しているのかを意識することです。生徒にスピーチを指導する場合，同じ学年の相手に話すことがほとんどなので，年齢による違いを想定する必要はほとんどありません。しかし，これに慣れさせるのではなく様々な状況で話すことがあるのだということを理解させます。

(2) 熱意

　熱意は何で伝わるでしょうか？　声の大きさでしょうか。身振り手振りでしょうか。それでも伝わるとは思いますが，私は準備だと考えています。何としてでも伝えたいという思いは，準備に現れます。

　準備の根っこの部分は，調べることです。話そうとする内容をきちんと伝えるには，自分が理解していなければなりません。生徒は自分が知っていることを話すのだから，調べることなど必要ないと思いがちです。しかし，それはあなたが知っている世界というだけで，あなたがその世界そのものを知っていることとは違うということを理解させる必要があります。野球部の生徒が野球のことを話そうとするとき，あなたが語ろうとしている野球のことは，あなたの周りにある野球のことであって，野球そのものの世界とは違うということを教えるのです。その上で，その生徒の周りにある野球のことを語ると，スピーチに厚みが出ます。

　最低限の準備で最高のパフォーマンスを出すということが，消費社会で生きている生徒たちにとっては素晴らしいことのように思われているのは分かります。しかし，基礎を育てている義務教育段階で，この方法を採用するの

を私はよしとしません。十調べて三つ使えるものが見つかり，一つか二つ使ったというような勉強の仕方を教えるべきだと思います。調べて絞る。このやり方です。この方法を身に付けることは，最適な物は何かと考える習慣を身に付けることになります。また，使わなかった七つが無駄になるかと言えばそんなことはありません。その七つは，今たまたまこのテーマのスピーチには合わなかっただけで，他のところで活用される可能性は十分にあります。使い捨て，使われなかったら削除ということではないのです。まず，調べる癖を身につけさせたいものです。

　準備の柱となるものは，スピーチの構成です。コナン型でいくのか，古畑型でいくのかを考えます。聞き手は，スピーチの最初を集中して聞いているので，いわゆる「つかみ」は大事です。

　そのことを考えれば，古畑型を練習させるのが良いでしょう。古畑型は，主張＋根拠の形をとります。イイタイコトを言ったら，なぜならば，〜だからと理由を付け加えていく形をとります。この際，根拠の数を示し，根拠の小見出しをつけることが聞き手に分かりやすさを提供します。

　数を示すことをナンバリングと言い，小見出しをつけることをラベリングと言います。もう少し詳しく言うと，ナンバリングは①全体の数をあらかじめ示す，②今話しているところが何番目なのかを示す，③いくつ話したのかを話してまとめるという三つの要素が必要です。聞き手が聞いていてイライラするのは，声が小さくて聞こえない，内容が理解できない，この話はいったいいつまで続くのかが分からないということにあります。ナンバリングは，いつまで続くのかをあらかじめ知らせることができます。

　ラベリングでは，10文字以内で小見出しをつけるようにします。なるべく訓読みを使って，同音異義語を避けてつけます。説明は全体を説明してから，部分に入る流れの方が聞き手は分かりやすいわけです。「これは，ペクチン，ビタミン，香料，野菜色素，乳酸Ca，紅花色素，りんご酸が入っているもので，朝ご飯に……」といきなり言われたら，まあ，乳酸Ca辺りで聞きたくないでしょう。ですが，「これは，リンゴジャムです。朝ご飯に

……」と言われれば聞くでしょうし，その後に「ペクチン，ビタミン，香料，野菜色素，乳酸 Ca，紅花色素，りんご酸が入っています」と言われれば聞くでしょう。

　文章であれば，話の構成は小見出しや段落，ページ数によって視覚的に示すことができます。そのため，読者は安心してこの話が何を伝えようとしていて，いつ頃終わるのかが分かります。しかし，スピーチでは視覚的に伝えることができないため，ナンバリングとラベリングで行うことが大事になります。これは事前の準備できちんと行うことができます。きちんと構成されたものは，伝えようとする熱意を感じることができるわけです。

　その他に事前にできる準備としては，滑舌を鍛えるというものがあるでしょう。モゴモゴとした話し方ではなく，一音一音がはっきりと伝わる話し方です。これは一朝一夕にできるようになるものではありません。ですが，練習を重ねればできるようになります。自分の苦手な行（サ行やタ行など）を発見し，口の筋肉を鍛えるわけです。３ヶ月毎日行えば，かなり良くなるはずです。本書 p.52 の資料を活用して，日ごとの鍛錬を行ってください。

　準備の最後は，練習をすることです。なんだ当たり前のことではないかと思うでしょうが，実際にやる人は少ないと思います。

　私の尊敬する先生の一人に，立教大学の松本茂先生がいます。全国教室ディベート連盟主催のディベート甲子園の決勝で主審を務め講評と判定をされていた先生です。その先生が，決勝の後の判定スピーチの前に，控え室の角で何かしているのを見かけたとあるジャッジが，
「何をしているのですか？」
と聞いたところ
「練習だよ」
と答えたそうです。

　コミュニケーション教育の第一人者で，ものすごいスピーチのスキルのある松本先生であっても，わずかな時間を惜しんで練習をされるのです。良いスピーチをしようと思ったら当たり前ですが，練習です。

このような準備がされていれば、自ずと熱意は伝わると考えています。

(3) 技術

話すための技術は、大きく二つに分けることができます。バーバルとノンバーバルです。つまり、言葉と言葉以外です。

電話をしながら、見えない相手に向かって頭を下げている人を見かけることがあります。

「相手から見えないのに、何をしているのだ？」

と子どもの頃の私は思っていました。しかし、頭を下げながらお礼を言う電話というのは、伝わるものが違うのではないかと今は思っています。話し言葉のバーバルとお辞儀のノンバーバル。話すということは、この二つのことが一緒に行われているということを自覚すべきです。

バーバルについては、「声の大きさ、間、高低、スピード、メリハリ、語尾の言い方、声の質」などに注意をして話すことを心掛けるべきでしょう。以下に簡単に説明します。

●声の大きさは、状況に応じて使い分けられるようになる必要があります。生徒は仲間同士で話す声量で教室で答えるのが普通です。野口芳宏先生は、教室では公的話法を身に付けさせるべきだと言われています。教室の全員にきちんと届く張った声です。これを出せるように指導します。

●間は、聞き手に理解を促すための時間であり、重要な言葉を伝える前後に入れると効果的です。ですが、なかなか難しい。話し手が伝えたい言葉の中で何が重要な言葉なのかを話し手自身が理解していないと、その前後を空けて間をつくることが難しいわけです。

比較的やりやすいのは、口癖の部分を黙るという方法です。「えー、今日の５時間目の学活で、えー、席替えをしたいと思いますがー、えー、どんな方法がいいか考えておいてください」のように話してしまう学級委員がいたとします。このときに「えー」と「がー」の部分を黙ったらどうなるでしょうか。「(間)、今日の５時間目の学活で、(間)、席替えをしたいと思いま

す（間），（間），どんな方法がいいか考えておいてください」。このように間ができます。
●高低，スピードに関しては，人間は「低く，ゆっくりした声」に安心感と説得力を感じるということを教えます。
　「本日も○○航空をご利用いただきまして，誠にありがとうございます。現在，高度1万メートル上空を時速900キロで順調に飛行しております。快適な空の旅をお楽しみください」
という機長からのメッセージを，「低く，ゆっくりした声」と「高く，早い声」で読み比べてみてください。後者のメッセージだと，「お，降ろしてくれ」と思うはずです。
●メリハリというのは，メリとハリからできています。メリというのは，小さくまたは弱く読みます。ハリというのは大きくまたは強く読みます。メリメリではダメです。また，ハリハリでもダメです。話し手も聞き手も疲れてしまいます。重要な言葉を伝え手が理解し，その言葉をハリます。またはその文をハリます。プロミネンスという言い方をすることもあります。
　メリハリを意識して話すように，と指導すると，語尾を強めて言う生徒が出てきます。「今日は，午後から雨が降ります」という言葉は，伝えたい内容によって「今日」「午後」「雨」のどれかをハッて読むことになります。ところが，「ます！」と語尾を強めて読む生徒が少なからず出てきます。「ます」を強めてみても意味はないのですが，強めてしまいます。語尾は明瞭にではありますが，柔らかく読むように指導します。
●声の質については，これは訓練で変えることはなかなか難しいと思います。声帯，体の骨格，顔の骨格，体調などが関係して出来上がるのが声の質なので，それを変えるのはなかなか難しいと思います。しかし，声の質だけ良くてもダメなわけです。声の質が良くはないと自覚している生徒には，声の大きさ，間，高低，スピード，メリハリ，語尾の言い方がきちんとできるようになれば，問題はなくなるからそちらを鍛えようと指導するのが良いと思います。

ノンバーバルについては,「ジェスチャー,視線,立ち位置,手の位置」などに注意すべきでしょう。以下簡単に説明します。
●ジェスチャーは,適切に使うと話の伝わり方にかなり差が出ます。人間は,時には音声情報よりも視覚情報の方を優位に認識するためです。試しに,ジェスチャーを使ってケンカを止めてみてください。三つのパターンを示します。

> **例**
> ① 「まー,まー,ケンカは止めなよ」というだけ。
> ② 「まー,まー,ケンカは止めなよ」と言いながら掌を下に向けて降ろす。
> ③ 「まー,まー,ケンカは止めなよ」と言いながら掌を上に向けて上げる。

①より②の方がケンカを止める具合は強くなります。しかし,③では喧嘩を止めるどころか,火に油を注ぐことになります。これは,音声情報より視覚情報が優位にあることの一つの例です。きちんと使えると効果的であるということが分かります。
　ところが,ジェスチャーは,できる人とできない人がはっきりしています。できる人は,特に指導しなくてもできますが,できない人は全くできません。全くできない生徒に指導する際,次の二つのことをさせてみると良いでしょう。

> **ポイント**
> ① 話をしながら,とにかくなんでもいいから手を動かす経験をさせる。
> ② ①ができるようになったら,ナンバリングのときに指を出す練習をする。「話したいことは全部で3点あります」と言う3のときに,指を3本前に出す。

②ができるようになると，その後は工夫ができるようになります。

●視線は，二つのことがポイントになります。聞き手のどこを見るかと，教室の聞き手たちをどう見るかです。まず聞き手のどこを見るかです。「相手の目を見て話をしなさい」という指導をすることが多いと思います。しかし，話すのが苦手な生徒は，相手の目が怖いことがあります。そういう生徒には「相手の眉毛を見て話しなさい」と指導します。少しずらすだけでかなり負担が減ります。また，聞き手の目が怖いという場合には，Show & Tell 形式で物を見せながら話すということを指導します。物があると，聞き手の視線は物に行くので，話す方は楽になります。

次に，教室にいる聞き手たちをどう見るかです。話に説得力を持たせるには，聞き手と目が合った数を増やすということが大事です。ところが，指導しないまま話をさせると，下を向いたまま話す，プリントを持ってプリントに話す，左または右ばかり見て話す，話し手を要とした扇形の部分だけに向けて話す生徒が出てきます。これでは，聞き手と目が合いません。

お薦めの方法は，「Z視線」です。

> **ポイント**
> （1）教室の最前列の右端を最初に見る。
> （2）最前列を左に見ていき，左端にたどり着く。
> （3）そこから対角線上に目を走らせ，教室の右後ろ角を見る。
> （4）そこから左に目を走らせ，教室の左後ろ角を見る。

これを色々なところを起点にして行います。こうすることで，教室中の聞き手と目を合わせることができます。

また，実際に目が合ったかどうかを確認するゲームもやってみると良いと思います。やり方は簡単です。聞き手の机の上に筆箱等を立てて置きます。聞き手が話し手と目が合ったと感じたら，その筆箱を倒します。スピーチの時間内にどれだけ倒せるか挑戦するというゲームです。

●立ち位置は，まず，立ち方から指導します。すっきりと立つことが大事です。肩幅程度に足を開き，操り人形のように頭の上から紐で引っ張り上げられているような感じで立ち，軽く顎を引きます。下半身に力を入れて，上半身の力は抜きます。これが基本姿勢です。ここから話の内容に応じて，体の力を抜いたり，強めたりします。

　すっきりと立てたら，立ち位置です。教卓の後ろでスピーチをさせることが多いと思いますが，教卓の前でもスピーチをさせてみると面白いでしょう。教卓の前と後ろでは，聞き手の印象ががらりと変わります。前で話すととてもフレンドリーに感じるでしょう。このことを実感させて，立ち位置に工夫をさせるようにすると良いでしょう。

●最後に手の位置です。手の位置は実は結構難しいものです。資料等を持っているときには気がつきませんが，手ぶらのときはどこにどう置いていいものか分からなくなります。基本の姿勢は，

> **ポイント**
> ① 右手と左手の，人差し指と親指の間同士を重ねて，上になった手で下になった手を軽く押さえる。
> ② 手を体に付ける。
> ③ 男子は，親指をおへそのやや上に位置する。女子は，おへそのやや下に位置する。こうすることで肩のラインが男性らしく，女性らしくなる。

このポジション（ホームポジションと呼んでいます）に手を置いて，ジェスチャーなど必要に応じて動かします。

3 生徒に評価させる

　しっかりと聞いてくれない中でスピーチの練習をしても，なかなか上達しにくいものです。そのための工夫が，生徒に評価をさせるというものです。

ここでもう一度,「スピーチ採点表」を見てみてください。そこには,「For Speaker」と「For Teacher」と書かれているのがお分かりいただけるかと思います。これは何を示しているかというと,クラスの仲間がしているスピーチを,聞き手である生徒が評価していることを示しています。AさんのスピーチをBさんは評価し,「For Speaker」の部分はAさんに渡し,「For Teacher」の部分は教師に渡します。書いてある内容はどちらも同じにします。こうすることで,評価者のBさんは,Aさんの話をしっかりと聞くことになります。また,きちんとした評価をするようになります。

　評定は教師が行うものです。しかし,評価は生徒同士でやるということに意味があると考えています。お互いがお互いの話し方をよく聞き,良い点を評価し学び,不十分なところを指摘する。教師の見本も大事ですが,同じクラスのメンバーの話し方の方が身近で学びやすいということもあるようです。お互いに評価をし合うことで,聞き手はしっかりと聞くことになり上達します。

【参考資料】
・日本放送協会放送文化研究所編『日本語発音アクセント辞典　新版』NHK出版
・家本芳郎『教師のための「話術」入門』高文研,1991
・鴻上尚史『発声と身体のレッスン』白水社
・加藤昌男『先生にこそ磨いてほしい「ことばの伝達力」～教室で役立つ30のヒント～』NHK出版,2009
・野口芳宏『野口流教室で教える音読の作法』学陽書房,2012

おわりに

　この一冊で，私の中学校国語科での実践は，ほぼ書き切ることができました。このような機会を頂けたことを深く感謝します。
　私が中学校の教員になったのは，1987年です。この2年前にユネスコの学習権宣言が出ました。本書でも取り上げましたが載せます。

　学習権とは，
　　　読み，書く権利であり，
　　　質問し，分析する権利であり，
　　　想像し，創造する権利であり，
　　　自分自身の世界を読みとり，歴史をつづる権利であり，
　　　教育の手だて（resources）を得る権利であり，
　　　個人および集団の力量を発展させる権利である。

　日本国憲法26条では，教育を受ける権利を保障しています。しかしここでは受ける権利から，する権利へと主体的な権利の保障を求めているように感じます。

　時を同じくして，授業は，教師中心から学習者中心へと変っていきました。1990年代。learner centered という考え方が広まり始めたわけです。知識を持っている教師が一方的に生徒にその知識を伝達する，または詰め込むという形は崩れ，教師は学習者にとって，インターネットや共同学習者などの同様のリソース一つになったり，または支援者になったりしていくようになっていきました。

こうしてみると，私は，モダン社会からポストモダン社会に突入する日本，成長社会から成熟社会に向かう日本，工業化社会から情報化社会，さらには高度情報化社会に突入する日本で，中学生に国語という教科を教えていたと言うことができるかと思います。
　つまり，一つの正解を教えるのではなく，彼らが身に付けるべき国語の力を身に付けさせつつ，彼らが持っている問題解決のための力を引き出しつつ，実際に活動を通してその問題の解決を図るためのレッスンとしての国語の授業を作ろうとしていました。

　英語科は「翻訳こんにゃく」の実用化，つまり自動翻訳機の登場にともない，いままでのような学習を必要とされなくなるでしょう。いや，古文すらも「翻訳こんにゃく」であっという間に現代語になるでしょう。そのとき，新しい時代の国語教育がくると考えています。
　それは，日本語を使って，適切に「話す」「聞く」「読む」「書く」ができることが求められる時代です。母国語以上に，第二外国語は上手くならないと言われます。しかし，もはや第二外国語の取得はほとんど必要なくなります。翻訳が翻訳である以上，母語である日本語を活用する力がそのまま翻訳に反映される時代がくると思うのです。
　実践を積み重ねながら，そんな未来を私はイメージするようになりました。そして，そこに向けて国語の授業を作っていました。それは，国語科を実技教科にするということを通して可能なのではないかという仮説を持ってのことでした。

　中学校の教育現場は，生活指導に校務分掌，部活指導に学級経営に雑用の嵐。そんな中で
　（うーん，これは面白いから生徒たちにやらせてみたいなあ）
と思って必死に作った授業が，

おわりに

　「これ面白いからもっとやりたい」
　「えー，悔しい。もう一度やらせてください」
という授業に育って，なおかつ子どもたちに力がついていくのを見るのは，この仕事の醍醐味中の醍醐味でした。とても幸せでした。

　しかし，その一方で「この授業づくりが本当に正しいのか？」と私はいつも考えながら作っていました。そのとき，NPO法人「授業づくりネットワーク」，NPO法人「全国教室ディベート連盟」の仲間たちとの交流は，私に刺激と意欲とさらに考える力をプレゼントしてくれました。感謝します。
　そして，もちろん，私と一緒にこの授業づくりの冒険に挑戦してくれた，青梅市立吹上中学校，昭島市立瑞雲中学校，八王子市立樽原中学校，杉並区立和田中学校のすべての教え子たちに感謝の気持ちを込めて，この一冊をお開きにします。

　　　　　　　　　　　　　　　　　　　　　　　池田　修

【著者紹介】
池田　修（いけだ　おさむ）
京都橘大学発達教育学部教授。東京都の公立中学校教員を経て現職。「国語科を実技教科にしたい，学級を楽しくしたい」をキーワードに研究。恐怖を刺激する学習ではなく，子どもの興味を刺激し，その結果を構成する学びに着目している。学習ゲーム，ことわざ学習，甲骨文字の再現なども詳しい。専門は，国語教育学，学級担任論，特別活動論。特に学級担任の仕事を教える学級担任論は，全国の教員養成系大学で最初に開講された授業である。ブログは，「国語科・学級経営のページ」。

著書には，〔単著〕『中等教育におけるディベートの研究』（大学図書出版），『こんな時どう言い返す』（学事出版），『新版　教師になるということ』（学陽書房）。〔編著〕『伝説の教師シリーズ』（学事出版）。〔監修〕『クイズにほん語の大冒険1～3』（教育画劇）。〔部分執筆〕教科教育学シリーズ第1巻『国語科教育』「第6章　中学校　話すこと・聞くことの教育と授業」（千田洋幸・中村和弘編著，一藝社）など多数ある。

また，PISA リーディングリテラシー問題作成委員，NHK 教育テレビ「テストの花道」監修，中学校国語科教科書「新しい国語」（東京書籍）編集委員，全国教室ディベート連盟理事なども務め，京都で教育研究会「明日の教室」も主催する。

趣味は料理，写真，ハンモック。

スペシャリスト直伝！
中学校国語科授業成功の極意

2017年3月初版第1刷刊	©著　者	池　田　　　修
	発行者	藤　原　光　政
	発行所	明治図書出版株式会社
		http://www.meijitosho.co.jp
	（企画）及川　誠（校正）西浦実夏・姉川直保子	
	〒114-0023　　東京都北区滝野川7-46-1	
	振替00160-5-151318　電話03(5907)6704	
	ご注文窓口　　電話03(5907)6668	
＊検印省略	組版所　共　同　印　刷　株　式　会　社	

本書の無断コピーは，著作権・出版権にふれます。ご注意ください。

Printed in Japan　　　　　　　　　　ISBN978-4-18-134227-2
もれなくクーポンがもらえる！読者アンケートはこちらから　→